혁신의 경제학

예일대 경제학부 최고의 명강의

THE ECONOMICS OF INNOVATION

혁신의 경제학

이가미 미츠루 지음

이진혁 감수 | **류순미** 옮김

더봄

옮긴이 **류순미**

일본 도쿄에서 일한통역을 전공하고 10여 년간 일본 국제교류센터에서 근무하면서 일본 외무성을 비롯해 르노삼성, 닛산, 후지TV, TBS, KBS 등에서 통역사로 활동했다. 옮긴 책으로는 《도쿄생각》, 《셰어하우스》, 《예술가가 사랑한 집》, 《오후도 서점 이야기》, 《이탈리아에서 있었던 일》 등이 있다.

혁신의 경제학

제1판 1쇄 발행	2019년 6월 10일
제1판 2쇄 발행	2019년 6월 21일

지은이	이가미 미츠루
옮긴이	류순미
감수	이진혁
펴낸이	김덕문

기획	노만수
책임편집	손미정
디자인	블랙페퍼디자인
마케팅	이종률
제작	백상종

펴낸곳	더봄
등록번호	제399 - 2016 - 000012호(2015.04.20)
주소	경기도 남양주시 별내면 청학로중앙길 71, 502호(상록수오피스텔)
대표전화	031 - 848 - 8007 **팩스** 031 - 848 - 8006
전자우편	thebom21@naver.com
블로그	blog.naver.com/thebom21

ISBN 979-11-88522-45-3 03320

한국어 출판권 ⓒ 더봄, 2019

감수의 글

출판사로부터 연락을 받고 이 책의 내용을 감수하면서 저자인 이가미 미츠루^{Igami Mitsuru} 교수와의 오랜 인연이 떠올랐다. 그와 나는 10여 년 전 미국 UCLA 대학원에서 실증산업조직론^{empirical Industrial organization} 분야의 주요 논문을 읽고 토론하는 스터디 그룹을 결성하였다. 그 시절 모두들 배는 고팠지만 다들 열심히 논문을 읽고 치열하게 토론했던 장면이 눈앞에 아른거린다. 아 옛날이여!

기억을 되살려보면 이가미 교수는 일찍이 기업의 이노베이션 전략과 그에 따른 성패에 큰 관심을 가지고 있었다. 그는 당시 나에게 삼성과 SONY의 성공과 몰락에 관한 책을 빌려주었는데, 대략적인 내용은 소니가 아날로그 시대의 성공에 도취한 나머지 디지털 시대에 대한 대응을 미루다가 전자산업에서 삼성에 뒤쳐졌다는 것이다. 이 흥미로운 내용을 어떻게 실증연구로 이어갈 수 있을까 고민했지만, 관련 데이터를 구하는 것이 어렵다고 판단한 나는 이내 이노베이션에 대해 더 이상 연구하기를 포기했다.

하지만 나보다 훨씬 더 열정적이고 치밀한 성격을 가진 이가미 교수에겐 포기란 없었다. 그는 크리스텐슨 교수의 《이노베이터의 딜레마》The Innovator's Dilemma에서 사용된 하드 디스크 드라이브HDD 산업에 관한 데이터를 기록한 책이 있다는 사실을 발견하고, 중고책 20여 권을 수소문해서 구입해 지면에 쓰여진 숫자를 오랜 시간에 걸쳐 하나하나 직접 엑셀Excel에 기록하였다. 실증분석 분야에서 '누가 발로 뛰어 어떤 데이터를 직접 수집하고, 그 데이터를 이용해 좋은 논문을 썼다'는 전설 같은 이야기를 가끔 듣긴 했지만 나와 가까운 친구가 그런 모습을 보여 주다니! 새삼 놀라웠다. 물론 그때는 이 이야기를 훗날 들뜬 마음으로 독자들에게 들려줄 거라고는 (나도 아마도 그도) 생각하지 못했다. 그런데 그는 이노베이션에 관한 실증연구를 기어코 해내고 말았다.

과연 그가 어떤 연구를 했는지 이 책의 주요 질문과 그의 해명을 통해 살펴보자.

1. 이노베이터의 딜레마는 왜 생기는가?

기존 기업은 유능하고 전략적이고 합리적이라 하더라도 신·구 기술이나 사업 간 자기잠식cannibalization이 존재하는 한 신규 기업에 비해 이노베이션에 적극적이지 않다.

2. 이 딜레마를 극복하기 위해서 무엇을 어떻게 해야 하는가?

이노베이터의 딜레마를 극복하고 살아남기 위해 어떻게든 자기잠식을 용인하고 추진할 필요가 있다. 하지만 이럴 경우 기업가치의 극대화 측면에서 주주의 이익과 어긋날 수도 있으므로 무조건 그렇게 할 수는 없다.

3. 이노베이션에 관한 정책을 통해 사회 전체의 후생 welfare을 증가시킬 수 있는가?

정부의 이노베이션 촉진 정책으로는 별 효과를 기대할 수 없다. 달리 말하면 실제로 HDD 산업은 적당한 경쟁과 기술혁신을 통해 균형적인 발전을 이루어 왔다. 즉 정책적 개입 없이도 잘해 왔다.

첫 번째 질문에 대한 해답은 이미 크리스텐슨 교수가 제시한 바 있고, 나머지 두 질문과 해명은 이가미 교수가 새롭게 제시하는 것이다. 두 번째 질문과 답변을 통해 저자는 기존 기업이 단지 현실에 안주하거나 멍청해서가 아니라 기업을 둘러싼 이해관계로 인해 이노베이션이 쉽지 않았다는 이야기를 들려준다. 마지막으로 HDD 산업에서는 이노베이션에 대한 정부 정책이 별로 효과적이지 않았으며, 따라서 정부가 개입하기보다는 시장에 맡겨 둘 것을 제안하고 있다. 이렇듯 간단해보이는 해답을 듣고서 이노베이션과 관련된 비법을 찾으려는 경영자나 정책 당국자는 허탈해할지 모르겠지만, 저자가 답을 찾아가는 길을 따라가다 보면 어느새 당신은 경제학적으로 사고하는 능력을 갖추게 되었음을 스스로 발견하게 될 것이다.

사실 저자가 이 연구에 사용하는 방법은 '구조추정'structural estimation 이라 불리는 경제학의 한 실증연구방법이다. 이 방법은 우리가 궁금하게 여기는 내용을 알아내기 위해 이론의 구조를 실증분석에 적용하는 것이다. 저자가 '이론의 보조선'이라는 표현을 쓰는 이유가 바로 여기에 있다. 보조선의 의미가 명확하게 와 닿지 않는다면, 초등학교 시절로 돌아가 '삼각형의 내각의 합이 180도'라는 사실을 증명해보자. 너무 당연한 질문이라서 어떻게 증명하는지 모르겠다고? 당장 종이에 삼각형을 그리고, 한 꼭짓점을 지나는 직선을 그어보자. 이때 주의할 점은 이 직선을 삼각형의 다른 두 꼭짓점을 잇는 변과 평행하게 그어야 한다는 것이다. 자, 이제 삼각형의 내각의 합이 180도라는 사실이 보이는가? (오랜만에 수학 명제를 증명하셨습니다. 성공을 축하드립니다!)

　　증명을 위해 우리가 그은 직선을 수학에서는 '보조선'auxiliary line이라고 부른다. 이 보조선 덕분에 쉽게 보이지 않는 부분을 볼 수 있게 되어 증명을 할 수 있게 된 것이다. 마찬가지로 실증분석에서도 경제학 이론이 보조선이 되어 우리가 궁금해 하는 점을 실제로 증명할 수 있도록 도와준다. 최근에 엄청난 관심을 받고 있는 빅데이터 분석은 데이터에서 상관관계만 찾아내어 활용하는데, 여기에 이 책에서 제시하는 경제학적인 접근법을 활용하면 여러분들이 궁금해 하는 것을 더욱 더 명확히 찾아낼 수 있다.

　　이 책의 원고를 읽으면서 처음 든 생각은 이가미 교수가 경제·경영 부문에서 교육 혁신innovation을 달성하고 선점preemption했다는 점이다. 저자는 자신이 연구한 내용에서 교훈을 얻어 자신의 인생을 개척하는 사람이 아닌가! 사실 나도 그간 여러 경제·경영 서적을 읽으면서 내가 가르치거나 연구하는 것을 사람들이 쉽게 이해할 수 있도록 소개하고 싶다는 생각을 했었다. 그런데 그중에서 구조추정은 내용이 너무 어렵고 정리하기가 쉽지 않아 일반인들을 위한 책을 낸다는 것은 꿈도 꾸지 못했다. 아직 대학교 및 대학원 교재에도 나와 있지 않은 내용을 어떻게 일반인들에게 소개한단 말인가? 하지만 이가미 교수는 또 해냈다! 어렵게 보이는 수학 기호와 식들은 기업의 전략과 산업 내 경쟁을 설명하기 위해 사용되는 언어일 뿐, 전체 그림을 이해하는데 아무런 방해가 되지 않는다.

이 책을 경영자, 비즈니스 종사자뿐만 아니라 경제 및 경영에 관심이 있는 대학원생, 대학생, 고등학생 등을 망라한 수많은 사람들에게 권하고 싶다. 내가 이 책을 좀 더 어릴 적에 보았더라면 지금의 나는 어떤 모습일까? 주저하지 말고 다음 페이지를 넘기시길!

이진혁(고려대학교 경제학과 교수)

머리말

오늘날 우리가 사는 세상은 놀라운 속도로 발전하는 기술과 이전에는 생각지도 못했던 가능성으로 가득 차 있다. 그러나 발전이 모두 좋은 것만은 아니다. 변화하는 속도를 따라잡지 못한 구세대의 회사와 조직이 무너진 뒤에는 빚과 실업자도 쌓여간다.

- 1세대를 구축한 승자는 왜 신세대의 기술·경쟁에 뒤처지는가?
- 그렇다면 해결책은?
- 정부가 책임져야 할 역할은 있는가?

위와 같은 질문이 이 책의 테마이다.

1997년에 출간되어 베스트셀러가 된 《이노베이터의 딜레마》The Innovator's Dilemma라는 책이 있다. 비즈니스 서적치고는 드물게 오래도록 사람들의 마음을 사로잡고 있다. 저자는 하버드대학의 클레이튼 크리스텐슨Clayton Christensen이라는 고명한 **경영학자**이다.

그에 비해 나는 숙명의 라이벌인 예일대학의 **경제학자**이다. 2009년 여름《이노베이터의 딜레마》를 읽은 나는 감명을 받음과 동시에 뭔가 부족함을 느꼈다. '테마와 사례는 흥미로우나 이론과 실증이 엉성하다. 충분한 경제학적 검증이 필요하다.'

연구를 시작한 지 햇수로 10년, 드디어 그 성과를 선보일 수 있게 되었다. 따라서 이 책은 경제학의 중요한 토픽을 최첨단 방법으로 해명한 '답가'가 될 것이다. 지금부터 **'경제학의 진수'**를 보여드리겠다. 업계나 직종과 상관없이, **비즈니스나 정책에 관계된 모든 분**들이 읽어주기를 바란다.

나는 짧지만 일본에서 회사원으로 일한 경험이 있는데, 오랜만에 옛 동료들과 만나 술을 마시며 '회사를 그만두고 이런 일을 해왔다'고 편하게 이야기하는 기분으로 썼다. 그러니 아무쪼록 부담없이 읽어주면 좋겠고, 만약 어려운 부분이 나오면 적당히 건너뛰면서 끝까지 읽어주길 바란다.

평소 비즈니스 서적을 읽지 않는 분, 예를 들어 **'세계의 구조'에 약간 관심이 있는 고등학생·대학생이나 그 부모님들**께도 일독을 권한다. 경제학의 좋은 점은 하나의 문제를 깊게 파고든 결과, 일상생활에서 세계의 역사까지 모든 국면에 대응 가능한 지식을 얻을 수 있다는 점이다. 그래서 경제에 큰 관심이 없더라도 진로를 고민하고 있거나, 블랙기업에서 일하는 중인데 한계를 느끼고 있거나, 사나운 교제 상대와 헤어지고 싶지만 망설이며 결단이 필요한 인생의 기로에 선 분들께도 약간의 용기를 줄 수 있을지 모른다.

참고로 **본업이 경제학자**인 분께도 자신 있게 권한다. 샛길로 자주 빠지는 느슨한(수학공식 제로의) 구어체로 쓴 글이지만, 이 책의 골자는 내가 매년 봄 예일대학 경제학부에서 강의하고 있는 '이노베이션의 경제학'The Economics of Innovation이라는 수업의 주요 내용이다.

또한 이 책의 후반에 나오는 실증분석은 시카고대학(보수 경제학의 본류)의 학술지 《The Journal of Political Economy》 2017년 6월호에 게재된 〈Estimating the Innovator's Dilemma: Structural Analysis of Creative Destruction in the Hard Disk Drive Industry, 1981~1998〉라는 지극히 전문적인 연구 논문을 일반인을 위해 풀어 쓴 것이다.

따라서 미시·거시·계량 경제학의 응용사례, 혹은 산업조직론이나 이노베이션론의 부교재라 생각해도 좋다. 이론과 실증의 융합 접근법인 '구조 추정'에 대한 이해하기 쉬운 입문서로 이용해도 좋을 것이다.

독자가 이미 경제학을 배운 적이 있다면, 내용에 대한 이해는 더욱 깊어질 것이다. 그러나 필수는 아니다. 신문을 읽을 수 있는 어휘력(국어)과 사칙연산능력(산수)만 있으면 된다. 속는 셈치고 일단 1장(개요)을 읽어보시라.

목차

제1장

Creative Destruction and the Innovator's Dilemma

창조적 파괴와
'이노베이터의 딜레마'

고전수업 시간만 되면 저절로 눈이 감기는 사람도 있겠지만 제행무상諸行無常[1]이나 성자필쇠盛者必衰[2]라는 단어는 어디선가 한 번쯤 들어 뇌리에 남아 있을지도 모르겠다.

또는 '교만한 자 오래가지 않으니, 한낱 봄밤의 꿈만 같아라'[3]라고 했듯이 승자가 패자에게 함락되어 죽는 군담소설의 스토리는 인생의 단면을 보여주는 듯하다.

졸았던 사람이든 아니든 학창 시절이 지나고 나면 현실과 직면하

---

1) 삼법인(三法印)의 하나. 무명(無明)으로 일으키는, 의도하고 지향하는 모든 의식 작용은 변화한다는 뜻.
2) 왕성하고 나면 반드시 쇠락한다는 뜻.
3) 자신의 지위와 권리를 앞세우는 자는 멀지 않은 미래에 추락하고 말지니 모두가 한낱 꿈에 지나지 않는다는 뜻으로, 가마쿠라 시대에 쓰인 군담소설(軍談小說)《헤이케모도가타리》의 한 구절.

게 된다. 비즈니스 업계 또한 흥망성쇠를 거듭함으로써 몰락 기업이나 쇠퇴 산업들이 흘러넘치고 있다.

실리콘밸리(미국 캘리포니아주에 있는 정보기술의 세계적 중심지)에서 신세대의 승자가 탄생할 때마다 불필요해진 구세대는 쓰레기통으로 직행한다. 가령,

- 애플에서 스마트폰이 출시되면 기존 휴대전화는 사라진다.
- 아마존에서 통신판매의 취급 상품을 늘릴 때마다 서점이 망하고, 백화점이 폐점하고, 슈퍼마켓까지 위험해진다.
- 구글^{Google}이 인터넷상의 가상공간에 편리한 신기능을 추가할 때마다 현실 세계의 직업이 사라진다.

이렇듯 새로운 기술이 생겨나면 구식기술은 사라진다. 이와 보조를 맞추듯, 신세대 기업이 나타나면 구세대 기업은 몰락하게 된다. 때로는 산업이 통째로 사라지기도 한다.

기술의 세대교체와 맞물려 기업과 산업도 세대교체가 이루어지는 것이다. 이러한 역사적 패턴을 가리켜 경제학자들은 **'창조적 파괴'**라고 부른다. '창조적'이란 기술혁신이나 신규 기업의 등장을 말하고, '파괴'는 경쟁에서 밀려난 구식기술이나 기존 기업이 사라지는 것을 말한다.

이것이 이 책의 테마이다.

그런데 창조적 파괴는 최근에 나타난 현상이 아니다.

- 200년 전, 영국에서 일어난 산업혁명을 필두로 선진각국에서 공업화가 진행

되었다. 아니, 공업화에 성공한 나라가 '선진국'이 되었다. 공업화에 뒤처진 나라는 망하거나 비참한 현실을 맞이했다.

- 만 년 전에 시작된 농경·정주라는 생활방식은 수렵·유목민족을 인류사의 구석으로 몰아넣었다.
- 지금으로부터 약 20만 년 전, 인류는 구인류를 몰아냈다.

너무 비약한 감도 없지는 않지만, 요컨대 역사상 큰 변화는 기술과 플레이어의 세대교체를 동반하는 일이 많다는 뜻이다.

창조적 파괴의 내막

패자들이라고 해서 두 손 놓고 있었던 건 아니다.

일본의 휴대전화는 같은 시기 다른 나라의 기기에 비해 기술적으로 고성능이었고, 독자적인 진화를 이룩했다. 그 덕분에 '갈라파고스 제도와 같은 특수한 품종과 생태계'를 목표로 삼았던 일본의 휴대전화는 '갈라케'[4]라고 불리게 되었다. 스마트폰이 출시되기 전(2006년), 나는 미국에서 살고 있었는데 미국의 휴대전화가 성능이 좋지 않아 혀를 찰 정도였다.

인터넷 판매로 위기에 처한 기존의 소매상들은 스스로 판매 사이

---

4) 갈라케는 갈라파고스와 케타이(휴대전화)의 줄임말로, 일본 국내에서 생산된 휴대전화가 너무나 독자적인 나머지 세계 표준에서 멀어지면서 해외시장으로 진출하지 못하고 일본 국내에 고립되어버린 현상을 배경으로 한다.

트를 개설하거나 인터넷 광고를 하고 있다. 하지만 그들도 어느덧 사라지고 없다. '더 나은 미래를 위한 신사업 전략'이나 '사운을 건 이노베이션'을 논하는 경영자는 많았으나 뒤돌아보면 어디까지 혼신의 힘을 다했는지 의구심마저 든다.

- 그들은 단순히 무능했던 것일까?
- 주주나 은행가에게 거짓말을 했던 걸까?
- 아니면 뭔가 다른 이유가 있어 기존 기업에서는 기술혁신이 불가능한 걸까?

지난 세대의 패권을 거머쥐었던 기업이 새로운 기술에 대응하지 못하는 이유는 무엇일까.

이것은 아주 흔한 비즈니스 서적용 테마인 데다, 운이 좋으면 주식투자에 도움이 될 식견을 얻을 수 있을지도 모른다. 또한 '한 나라의 경제성장과 우리의 생활 수준은 결국 기술혁신 문제'라는 것이 거시경제학의 첫걸음이므로,

- 이노베이션(기술혁신)을 담당하는 것은 누구인가?
- 왜 그렇게 되는가?
- 우리들은(우리 회사는, 우리 정부는) 도대체 어떻게 해야 하는가?

라는 문제는 학자나 경영자만이 아니라, 모든 사람과 관련된 중요한 '질문'이라고 생각한다.

이것이 이 책의 (구체적인) 테마이다.

'이노베이터의 딜레마'

　1997년에《이노베이터의 딜레마》라는 베스트셀러를 쓴 하버드대학의 클레이튼 크리스텐슨 교수는 이 테마에 도전한 경영학자이다.《이노베이터의 딜레마》는 일반인을 위한 비즈니스 서적이지만 내용은 그의 박사논문으로 채워져 있다. 하드디스크 드라이브^HDD 업계를 무대로 구세대의 '승자' 기업이 안고 있는 조직적^organizational · 심리적 ^psychological인 문제를 지적했다.

　HDD 업계는 당시 한창 세대교체가 이루어지고 있던 시기로 좋은 연구 대상이었다.

　크리스텐슨의 취재 대상은 구세대라고는 해도 한 번은 업계에서

도표 1-1 ｜ 하드디스크의 세대교체

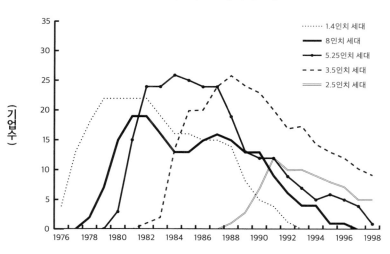

출처 : Igami (2017)

승리를 거머쥐었던 '우량기업'들이었다. 그는 우량기업만의 약점 중하나가 '유력한 고객을 많이 보유하고 있다'는 점이라고 지적했다. 일반적으로 볼 때 장점이라고 할 만한 요소가 왜 약점일까?

문제는 기존의 주요 고객이 원하는 주력제품 이외에는 소홀해진다는 것이다. 사내에서의 '주력제품'이 세상 밖에서도 주류로 통할 때는 아무 문제가 되지 않는다. 그러나 신제품이 등장해 세력을 확장해나갈 때 이러한 '승자' 기업의 대응은 뒷북을 치기 일쑤다.

경영진 중에는 구식 주력부문 출신자가 많아서 과거의 성공 체험에 연연하는 경향이 강하다. 따라서 구시대의 패권자는 승자였던 탓에 오히려 새로운 시대에 대응하는 시기가 늦어지고 만다. 이렇듯 기존 기업에 만연한 조직적·심리적 편향이 크리스텐슨 가설의 주안점이었다.

'멍청해서 실패했다'로는 설명이 부족하다

지금까지의 논지에 동의해준 독자에게는 무척 미안한 말이지만, 나를 비롯한 경제학자는 이런 식의 이야기를 싫어한다. 아니, 매우 싫어한다. 왜냐하면 앞의 설명을 한마디로 말하면 '기존 기업은 실패했다. 그 원인은 경영진이 멍청해서다'라는 말밖에 안 되기 때문이다.

• 정말 그들이 멍청해서 실패한 걸까?
• 아니면 실패라는 결과를 본 평론가가 제멋대로 '멍청하다'고 표현한 걸까?

후자일 가능성도 무시할 수 없다.

'능력'과 '결과'의 인과관계라는 것은 그렇게 간단하게 실증될 수 있는 성질의 것이 아니다. 업계의 신문과 잡지를 읽거나 경영자와 인터뷰를 하는 것만으로는(크리스텐슨의 작업방식이었다) 절대 풀 수 없는 실증과제이다.

오해하지 않았으면 좋겠는데, 나는 업계 신문이나 잡지를 정독하거나 당사자와 인터뷰하는 방식을 부정하는 것이 아니다. 그것들은 귀중한 정보원이자 나 자신도 많이 이용하는 방법이다.

또한 크리스텐슨 교수의 저서의 의의를 부정하는 것도 아니다. 오히려 그 반대다. 《이노베이터의 딜레마》는 똑똑한 인간이 저술한 양질의 서적이며, 아직 읽지 않았다면 꼭 읽어야 할 책이다. (단, 이 책을 읽는 것과는 아무 상관없다. 마지막에 첨부한 독서안내를 참조하도록.)

그리고 앞서 언급한 조직론이나 심리적 편향에 대해서는 나 자신의 알량한 회사원 경험에 비추어 봐도 수긍이 가는 점이 많다.

그럼에도 불구하고, '기존 기업은 실패했다. 왜냐하면 멍청했기 때문이다'라는 설명으로는 뭔가 부족하다. '실패자는 실패로 이어진다는 편견을 갖고 있기 때문에 실패하는 것이다'라는 것은 동어반복이며, '결과론적인 경영학'에 지나지 않는다.

성공한 기업을 무작정 띄워주거나 실패한 기업이 멍청했다고 말하는 것은 단편적인 사고라 할 수 있다. 그런 것은 누구라도 할 수 있다.

이 책은 오히려 그 반대다. 시간을 들여 천천히 논리적인 이유를 생각해보자. 정량적인 데이터를 제대로 모아보자. 그리고 이론과 현실을 꼼꼼하게 접속시켜 참다운 '실증분석'을 해보자.

　신통한 비결이나 당장 적용 가능한 만능 노하우를 찾는 것이 아닌, 생각할 재료를 하나하나 만지고 확인하면서 음미하는 일. 그러한 과정과 천천히 '돌아가는 길'을 소중히 여기고 싶다. 그리고 나서 보이는 경치를 공유할 수 있으면 좋겠다. 역설적이지만(어디까지나) 그 결과로 인해 내일부터 당신의 일처리 방식이나 프로젝트 기획·실행·평가 방법이 지금보다 훨씬 예리해질 수도 있다. 특히 비즈니스나 경제에 관심이 없던 사람이라도 어쩌면 세계관이나 인생관이 조금은 변할지도 모른다.

이 책의 개요

　혹시 독자 중에는 '내일이 중기 경영계획 마감일이라 바쁘다. 일단 결론만이라도 알고 싶다'고 생각하는 경영기획실장이나 컨설턴트라든지, '경영학은 이미 웬만큼 안다고 자부한다. 이 책을 살지 말지 결정하고 싶으니 일단 요점을 알려 달라'는 공부벌레가 있을지도 모르겠다.

　그렇게 바쁘고 절실한 사람들을 위해 이 책의 개요를 정리해보자.

　다음 장 이후의 분위기만이라도 맛볼 수 있도록 소개할 것이므로 전문용어나 잘 모르는 점은 무시하고 넘어가도 좋다. 세세한 것은 차치하더라도 분명 뭔가를 배울 수 있을 것이다.

이노베이션에 대한 논점을 확실히 해두기 위해 일단 세 가지 경제 이론을 숙지해두자.

첫 번째는 **'치환효과'**replacement effect라고 불리는 이론이다.

기존의 기업이 기존의 기술을 이용해, 기존의 제품을 팔고 있는데, 여기에 신기술을 이용해 신제품을 투입했다고 해서 매출이 갑자기 2배, 3배 오르지는 않을 것이다. 단지 신제품과 기존 제품이 세대교체를 하는 것일 수도 있다. 즉 기존 제품의 이익이 신제품의 이익으로 '치환'됐을 뿐이고, 신제품과 기존 제품이 **'자기잠식'**하는 만큼 이익은 크게 증가하지 않을지도 모른다.

반대로 신규 기업 입장에서는 아무것도 없는 상태에서 시작할 것이다. 신기술로 할 수 있는 모든 것이 이익의 순증으로 이어질 테니 아마 의욕도 생길 것이다.

약간 현실적인 지적을 하자면 한번 성공한 대형 비즈니스는 새로운 일을 시도하더라도 잃을 게 많기 때문에 새로운 일에 그다지 의욕적이지 않게 된다.

두 번째 이론은 **'선점하기'**preemption라 불리는 게임이론으로, 앞서 언급한 '치환효과'와는 반대로 '기존 기업이 먼저 신기술을 싹쓸이하여 높은 이익을 취할 것이다'는 가설이다. 신규 기업보다 먼저 신기술을 독점해버리면 새로운 경쟁 상대의 진입을 미연에 방지할 수 있다. 일반적인 이론에 따르면 경쟁 상대가 적으면 적을수록 이익이 생긴다고 하니 반드시 선제공격을 해야 한다.

한편 신규 기업 입장에서는 순조롭게 신기술을 손에 넣어 신규 진입이 가능했다 하더라도, 기껏해야 기존의 라이벌과 시장을 나눠가지는 것만으로 감지덕지일 것이다. 그래서 오히려 기존 기업 쪽이 혈안이 되어 **선제공격**을 하고, 새로운 뭔가가 화제로 떠오를 때마다 닥치는 대로 매수하고 다닐 정도의 기세로 덤벼야만 한다. (기존 기업의 실패 이유를 찾을 때 이러한 역방향의 이론을 떠드는 것은, 그럴 가능성도 염두에 두고 문제의 전체 모습을 파헤치고 싶기 때문이다.)

바로 페이스북Facebook의 공격 경영이 그러했다. 페이스북은 친구의 먹방이나 회사 자랑, 집 자랑이 끝없이 올라와 속으론 지긋지긋해 하면서도 좀처럼 그만 두기가 어렵다. 그런 사진 포스팅 사이트로 한발 앞섰던 것이 인스타그램Instagram이었으나, 페이스북은 인스타그램을 인수, 합병해 라이벌을 미연에 없앴다……라고나 할까, 끌어안았다. 이 외에도 구글은 매년 몇 건씩 하이테크 계열의 벤처기업을 인수, 합병하고 있다.

세 번째 이론은 **'능력 격차'**에 관한 것이다.

'창조적 파괴'라는 키워드를 퍼뜨린 경제학자 요제프 슘페터Joseph Alois Schumpeter. 그는 유럽에서 보낸 청년 시절, "새로운 기술을 가져다주는 것은 기업가 정신이 투철한 벤처기업이다"라고 열변을 토했으나 바다를 건너 미국에서 유명해지고 나자 이번에는 "그때는 나도 어렸다. 대기업의 조직력과 연구개발능력은 대단하다. 안타깝지만 젊은 앙트레프레너(기업가)들은 조만간에 전멸할 것이다. 자본주의는 끝났다"고 별안간 힘 빠진 소리를 하기에 이른다.

그의 삶에 도대체 무슨 일이 있었는지는 차치하고, 실제로 샤프나 도시바처럼 몰락해버린 기존 기업에 결여되어 있었던 것은 '의욕'일까, 아니면 '능력'일까. 순수한 연구개발능력 면에서 신규 기업과 기존 기업 중 어느 쪽이 승리할지 흥미진진하다.

이렇게 유명한 이론 세 가지를 나열해놓고 보니, 가설이 마치 그물처럼 얽혀 있음을 알 수 있다.

① 기존 기업은 '자기잠식 현상' 때문에 '치환효과'에 발목을 붙잡힌다.
② 한편 미래의 라이벌에 대한 선제공격인 '선점하기' 이노베이션을 단행해야 한다는 유혹에도 끌리고 있을 것이다.
③ 또한 순수한 연구개발능력에서는 기존 기업과 신규 기업 중 어느 쪽이 우수한가, 그 대답에 따라 '자기잠식'과 '선점하기'의 힘의 균형도 변하게 된다.

그물처럼 얽힌 이 세 가지 이론적 힘을 도대체 어떻게 측정하면 좋을까? 이번에는 그러한 실증적인 문제에 당면하게 된다.

경제학에는 실증분석의 작법이랄까, '무엇을 근거로 확실한 분석이라고 할 수 있는가'에 대한 다양한 견해가 있다. 여러분의 업계나 전문분야의 전통적인 방법과도 비교해보면 좋겠지만, 경제학에서는 세 종류의 접근법을 쓰고 있다.

가장 먼저 '데이터 분석'. 이른바 **회귀 분석**$^{regression\ analysis5)}$이라고 하는 통계방법으로, 가령 '이노베이션의 설명 요인'을 찾고 싶다면 공식의 좌변에 뭔가 '이노베이션'으로 보일 수 있는 변수(특허출원 건수라든지 연구개발 비용이라든지)를 넣고, 우변에는 '기존 기업 더미^{dummy} 변수'를 넣

---

5) 하나 혹은 그 이상의 독립변수의 종속변수에 대한 영향을 추정할 수 있는 통계기법.

거나 비슷한 대리 변수로 '자기잠식'이라든지 '선점하기' 정도를 넣어보자. 그러면 일단 좌변과 우변의 상관관계를 수치화할 수 있다.

이미지로는 다음과 같은 수식이다(이미지일 뿐이니 암기할 필요 없음).

$$\text{(이노베이션)} = A + B \times \text{(기업의 특징)} + C \times \text{(산업의 특징)} + \text{(통계적 오차)}$$

최근 유행하는 데이터 분석방법인 **'기계 학습'**도 대부분 원리는 똑같다.

단, 이 방법에는 두 가지 문제점이 있다.

첫 번째, '이노베이션과 경쟁'처럼 '달걀과 닭'의 관계에 있는 변수에는 사용해서는 안 된다. 이런 경우에 통계 소프트웨어와 알고리즘에서 나오는 수치에는 아무런 의미가 없다. 이것은 원리적인 문제이므로 꼼수를 부린다 해도 소용없다.

두 번째 문제점으로는, '선점하기의 유혹'이라든지, '순수한 연구개발능력'이라는 눈에 보이지 않는 추상적 개념은 정부 통계나 유가증권 보고서, 마케팅리서치 자료에도 게재되어 있지 않다. 즉 적절한 '빅데이터'가 존재하지 않는다. 이런 경우, 뭔가 이론적인 보조선을 그어두지 않으면 개념 그 자체를 측정할 수 없다.

제2의 접근법으로 **비교 대조 실험**은 어떨까.

개별 소비자나 노동자에게 무작위로 자극을 주어 반응을 조사하는 방법이다. 이렇게 글로 쓰면 의미도 알 수 없고, 약간 위험한 느낌도 들지만, 사실 이런 실험은 요즘 일상적으로 일어나고 있다.

한 예로 JR전철역 승강장에 자동판매기가 있다. 앞에 서 있는 사람의 안색을 살펴서 사과 주스나 캔 커피를 권하는 녀석이다. 실은 그 안에는 경제학자가 들어 있다. 일반적인 자판기라면 진짜 사람이 들어 있을 리 없다.

내 동료인 죠부 코스케上武康亮(예일대학 경영대학원) 교수의 연구팀이 자판기 프로그램을 만지며 '추천과 매상의 인과관계를 측정'하는 실험을 했다. 대략 이런 식이다.

- 사례 1: 통근객에게 멀티비타민 음료를 추천해 봤다.

  → 통근객은 실제로 멀티비타민 음료를 샀다.
- 사례 2: 통근객에게 아무런 추천을 하지 않았다.

  → 통근객은 아무것도 사지 않았다.
- '추천 효과' = (사례 1 - 사례 2)

  = 멀티비타민 음료 구매

이 방법은 '새로운 약품의 효과를 측정하기 위해 환자에게 신약을 투여한다'와 같은 역학실험에서 따온 방법으로 '개인을 대상으로 한 소규모 현상'의 분석에는 제격이다.

단, 이 책의 테마의 경우에는, 현실의 기업이나 산업을 세계적인 규모로 오랜 기간 관측할 필요가 있기 때문에 실제로 실험을 하기는 힘들다.

인생을 다시 살 수 없는 것과, 지구 온난화를 진짜 지구를 가지고 실험할 수 없는 것처럼 '시간을 되돌려 실리콘밸리의 역사를 1980년대부터 다시 시작한다'고 하는 실험은 적어도 현재의 인류에게는 불가능한 일이다.

그렇다면 어떻게 할까. 그런 경우에 사용할 수 있는 **시뮬레이션**이라는 제3의 방법이 있다.

명확한 이해를 위해 일부러 경제 현상 이외의 이야기를 해보겠다.

'스카이다이빙을 할 때 낙하산 장착의 효과'를 측정하기 위해 비교 실험을 구상해보도록 하자.

① 피험자 그룹 A에게는 '정상적인 낙하산'을 장착시킨다.
② 피험자 그룹 B에게는 '펼쳐지지 않는 낙하산'을 장착시킨다.
③ 두 그룹이 똑같은 조건에서 스카이다이빙을 한다.
④ 생존자 수를 센다(아마 그룹 A는 전원 생존, 그룹 B는 전멸일 것이다).
⑤ '그룹 A의 생존율'과 '그룹 B의 생존율'의 차이를 계산(그냥 뺄셈)한다.

이 차이가, 이른바 '낙하산이 생존 확률에 미치는 효과'의 '과학적 근거를 가지는 측정치'가 된다는 말인데, 이러한 인체실험은 너무나도 희생이 크고, 연구자도 범죄자로 구속될 위험이 있다.

그런데, 인명을 희생시키거나 연구자의 인생을 망치지 않아도 되는 훨씬 쉬운 방법이 있다. 스카이다이버의 체형이나 몸무게를 측정해서 중력, 높이, 풍향, 공기 저항, 착지점의 지형 등을 고려하는 물리학 모형에 넣으면 낙하속도와 패턴, 나아가 '낙하산의 장착 효과'를 시뮬레이션 할 수 있다.

'이론의 보조선을 사용하면서 데이터를 분석'하는 것이다.

일단 도표로 그려보면 도표 1-2와 같은 느낌이다.

도표 1-2 | 실증분석의 세 가지 방법

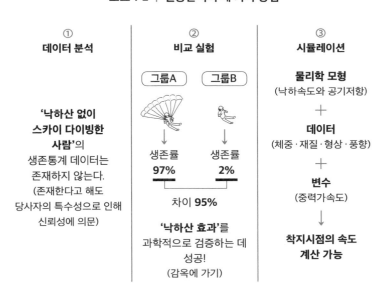

'낙하산 효과'의 시뮬레이션과 마찬가지로 이 책의 연구에도 '데이터 분석을 위한 경제학 모형'(수식과 논리의 집합)을 만들어, 그 모형 안에서 다양한 시뮬레이션을 실시한다.

구체적인 예로, 크리스텐슨 교수가 사용한 것과 동일한 HDD 업계의 데이터를 분석한 결과, '기존 기업의 연구개발능력은 신규 기업보다 높다'라고 판명되었다. 이 말은 '이노베이터의 딜레마'가 능력의 문제가 아니라 오히려 의욕의 문제라는 것이다.

각종 시뮬레이션의 결과로는 다음 세 가지가 있다.

① 자기잠식 현상은 심각한 영향을 끼치고 있다.
② 선점하기 전략을 취하기에는 인센티브가 현저히 낮다.
③ 연구개발능력 그 자체는 기존 기업이 우월하다.

즉,

• 가령 연구개발능력이 높아도
• 또한 합리적이고 전략적이라 해도
• 신·기존 제품이 자기잠식을 일으키는 한,

……기존 기업은 이노베이션에 적극적일 수 없다.

그렇다면 어떻게 해야 하는가?
'자기잠식에 의한 치환효과가 상당히 크다'는 것은 반대로 말하면
'자기잠식의 묵인 혹은 조장'이라는 방책이 효과적일지도 모른다. 그
렇게 하면 기존 제품 부문의 몰락은 빨라지겠지만, 신제품 부문의 성
공확률은 높일 수 있다. 기존 기업 자체의 연명책으로는 좋은 결과를
기대할 수 있을지도 모른다.
슬로건 형태로 정리해보면,

'창조적 파괴에서 살아남기 위해서는 창조적 자기파괴를 할 필요가 있다.'

혹은

'살기 위해서는 죽는 수밖에 없다.'

이렇게 말을 바꾸고 나니, 마치 고승과 참선자의 선문답처럼 느껴진다.

개별기업의 경영에 대한 이야기는 이쯤에서 끝내기로 하겠다.

그러나 여기서 여러분이 다시 한 번 생각해주길 바라는 것은 '무엇을 가지고 좋다고 말하는가?' 하는 근본적이고 거시적인 목표 설정이다.

기존 기업의 존속이 최우선이라면 '창조적 자기파괴'를 성대하게 치르면 되겠지만, 세상은 그게 전부가 아니다.

가령 진심으로 '기업가치의 최대화'를 추구한다면, 절대로 후줄근하게 살아남는 일을 우선시해서는 안 된다. 그런 일에 주주들의 돈(즉, 우리들의 돈)을 쏟아 부을 정도라면, 오히려 적당한 시기에 매듭짓고 이제 막 떠오르는 신규 기업에 팔아서, 아직 기존 사업의 가치가 있을 때에 흡수·합병되는 것이 나을지도 모른다.

그리고 이런 견해도 있다. '사회 전체의 행복을 최대로 이끌어내기 위해서는 어떻게 할 것인가?' 하는 관점이다. 항간에서는 돈에 눈이 멀었다든지, 냉혈한이라고 생각하기 쉬운 경제학자지만, 고전적인 경제학에서는 '최대 인류의 최대 행복'이야말로 가장 기본이고 전통적인 가치관이다.

바로 여기가 가장 흥미로운 지점인데, 이러한 '사회 전체의 효용 최대화' 같은 '관점'에서 따져보면 현실의 HDD 기업이란, 비교적 균형 있게 발전해 온 것이 된다.

생각해보면 모든 기업이 기술혁신을 일제히 실행할 필요는 없다. 단지 할 수 있는 사람은 하고, 할 수 있는 사회가 하면 된다. 그래서 의외로 세상이 잘 돌아가는 게 아닌가 싶다.

마지막으로 정부의 역할도 조금만 언급해 두고 싶다. '기술과 투자의 안목을 키워 정부가 나서자', '통 크게 보조금을 뿌리자', '세금으로 펀드를 해보자'와 같은 구식 정책보다 착실하게 환경정비라도 제대로 해주기 바란다.

- 사람들이 마음껏 새롭고 흥미로운 일을 할 분위기를 조성한다(방해하지 않는다).

라는 편이 수백 배 더 가치 있다. 사람이나 돈의 자유로운 흐름도 중요하기 때문이다.

참고로, 새로운 일이란 대체로 실패하기 마련이어서,

- 실패로부터 다시 일어설 수 있는 사회보장제도를 정비한다.

등이 있다.

그런데 이것은 혁신에 대한 정부의 정책이라기보다는 '대중의 생각'에 관한 것이다. 성공한 사람은 정말 극소수에 불과하고, 자신이 이

룬 업적과 부를 자랑하는 경향이 있다. 그들을 보고 있는 건 썩 기분 좋은 일은 아니어서 다들 욕하는 건 어쩔 수 없지만, 다음과 같은 측면도 있다.

- 다른 사람 발목 잡는 일은 그쯤 해두는 게 사회 전체가 윤택해진다.

그래서 성공한 기업가를 이런저런 이유로 잡아들이고 처형하는, 세상에는 그런 일을 눈도 깜짝 않고 해치우는 국가도 많지만, 그런 건 안 하는 게 좋다.

이상이 이 책의 줄거리이다.

다음 장 이후로도 내 말투는 대략 이럴 것이다. 진지한 화제와 샛길, 여기에 전문적 견해를 적당히 버무려가며, 전체적으로 편한 느낌으로 써내려 갈 것이다.

따라서 이 책은 학술서나 교과서라기보다는 수필이나 에세이에 가깝다.

이 책의 구성

이 책은 전체 11장으로 나뉘어, 도표 1-3처럼 구성되어 있다.

'이노베이션을 짊어지는 것은 누구일까? 어째서 그런가?'라는 문제 설정이 이 책의 주축이어서 일단 그 점에 관한 중요한 이론을 세

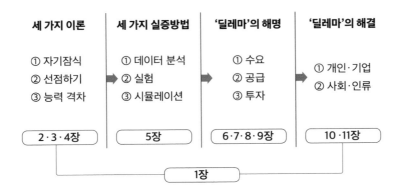

도표 1-3 | 로드맵

세 가지 이론	세 가지 실증방법	'딜레마'의 해명	'딜레마'의 해결
① 자기잠식	① 데이터 분석	① 수요	① 개인·기업
② 선점하기	② 실험	② 공급	② 사회·인류
③ 능력 격차	③ 시뮬레이션	③ 투자	
2·3·4장	5장	6·7·8·9장	10·11장

1장

가지 짚어두려 한다. 2장부터 4장까지 하나하나의 이론을 해설할 것이다.

- 제2장 - 자기잠식 (이론①)
- 제3장 - 선점하기 (이론②)
- 제4장 - 능력 격차 (이론③)

이론이라고는 해도 특별히 대단한 것은 아니다.

'머리말'에 서술한 대로 이 책은 경제학을 접해본 적이 없는 사람 (이나 중·고등학교 때 수학을 싫어했던 사람)을 주된 대상으로 썼다. 세 가지 이론을 소개하면서 구체적인 예(다양한 업계·기업·제품에 관한 짧은 에피소드)를 나열하는 방식을 썼다.

계속해서 위의 이론을 염두에 두고 현실 세계를 분석해 나갈 것인데, 그 전에 방법을 설명해두려 한다.

• 제5장 실증분석의 세 가지 방법

현실 세계의 단편을 우리들은 '데이터'라고 부른다. 그래서 넓은 의미에서 모든 실증분석은 '데이터 분석'이 된다. 하지만, 이야기를 정리하기 위해 편의상 세 종류로 나누려 한다.

① (좁은 의미의) 데이터 분석
② 비교 실험
③ 시뮬레이션

이 책의 후반에서 실제로 사용하는 것은 ①과 ③이지만 '인과 관계를 실증한다'는 발상으로 ②도 알아두면 좋다. 세 가지 모두 경제학에서는 빈번하게 쓰이는 방법이고, 이런 사고나 주의점은 회사 경영뿐 아니라 개인적인 생활과 인생에도 도움이 될 것이다.

크리스텐슨이 취재한 HDD 업계에 대해 정량적 데이터를 입수해, 세 가지 과정을 밟으며 이론과 현실을 연결해 가겠다.

• 제6장 - 수요 (분석 과정 ①)
• 제7장 - 공급 (분석 과정 ②)
• 제8장 - 동학動學적 감성을 키우자
• 제9장 - 투자와 가상 시뮬레이션 (분석 과정 ③·④)

'수요'와 '공급'의 분석은 의외로 간단해서 각각 하나의 장(6장과 7

장)에 넣었다.

이에 비해 '투자'를 본격적으로 분석하기 위해서는 많은 준비가 필요하다. 과거·현재·미래라는 시간을 통해 세상의 변화를 이해해야 하므로 동학적(앞을 내다보는) 발상법을 미리 몸에 익혀두길 바란다. 그 준비가 8장이고, 본론은 9장이다.

심지어 9장에서는 시뮬레이션도 한다. 굳이 말하자면 이건 '분석 과정 ④'에 해당한다.

여기까지 읽는다면 '이노베이터의 딜레마'(어째서 기존 기업은 이노베이션을 선도해서 하지 않는가?)가 해명된다.

- 제10장 딜레마의 해결 (개인·기업)
- 제11장 딜레마의 해결 (사회·인류)

10장에서는 개별 기업이나 경영자·종업원·주주와 같은 개개인과 개별 조직의 '관점'에서 생각한다.

그리고 11장에서는 시야를 좀 더 확대해 '파는 쪽'(기업)만이 아니라 '사는 쪽'(소비자)도 포함한 사회 전체에 비추어 봤을 때 이노베이션이 좋은지 나쁜지를 따져보고, 나아가 정부의 역할은 무엇일까에 초점을 맞춘다.

장황하다고나 할까, 보따리를 너무 많이 풀어놓은 것은 아닌지 모르겠으나, 어디까지나 가벼운 책이다. 가는 길은 멀지만 소풍가는 기분으로 읽어주면 좋겠다.

제2장

Cannibalization

자기잠식

처음부터 심한 비유여서 미안하지만, 가령 당신이 여자를 밝히는 사람이라고 치자. 물론 남자를 좋아해도 되고, 당신 자신이 남성이든 여성이든 중성이든 아무래도 좋다. 단순히 비유에 불과하니까. 세상에는 동시에 4명까지 부인을 둘 수 있는 나라가 있다고 한다. 그래서 부럽다고 생각하는 사람은 별로 없을 것이다. 시간으로 보나 기운이나 체력, 무엇보다 **예산은 유한**하기 때문에 상대해야 하는 사람은 1명(혹은 임의의 자연수 N명)이면 족하다. 그리고 그 N명을 당신은 선택해야만 한다. 이것이 포인트다.

예를 들어 당신이 빵파도 아니고 밥파도 아닌 '아침엔 역시 시리얼'파라고 치자. 물론 중국요리나 이탈리아 요리도 상관없다. 단순히 비유일 뿐이다. 호텔에 묵을 때 아침 뷔페식이 하나하나 정말 맛있을 때가 있다. 시간도 양도 제한이 없다. 그렇다고 마냥 좋아할 일은 아니다. 내 **위장은 유한**하기 때문이다. 카루비의 후르츠그래놀라와 켈로그의 콘프레이크가 있으면 된다. 마찬가지로 당신도 당신이 좋아하는 아침식사를 선택해야만 한다. 이것이 중요하다.

여기까지는 선택하는 쪽, 먹는 쪽, **사는 쪽**, 즉 **수요측면**의 이야기다. 이걸로 할까, 저걸로 할까, 우리는 유한한 삶 속에서 매일 많은 것을 선택하며 살고 있다.

이번에는 선택받는 쪽, **파는 쪽**, 즉 **공급측면**의 이야기를 해보자. 세상에는 금발을 좋아하는 남자가 있고, 흑발을 좋아하는 남자도 있고, 갈색머리를 좋아하는 남자와 빡빡머리를 좋아하는 남자가 있다. 만약 당신이 남자를 좋아하는 결혼 '적령기'의 여자로 결혼정보회사 웹사이트에 올릴 프로필 사진으로 고민하고 있다고 치자. 평소의 당신이라면 머리를 염색하기도 하고 안 하기도 하고, 짧게도 했다가 길러보기도 했을 것이다. 그런 건 기분 내키는 대로 하면 된다.

하지만, 결혼시장에는 '잘 나가는 품목'이란 것이 분명히 존재한다. 좋아하는 것과 좋아하지 않는 것과는 상관없이 당신의 헤어스타일의 선택에 따라 당신에게 관심을 보이는 남자들의 숫자와 타입도 달라진다. 그것은 다시 말해 당신 스스로가 배우자를 선택할 수 있는 폭을 한정짓는 결과를 초래할 수 있다. 결혼정보회사 관계자는 이렇게 말한다.

"있는 그대로의 나를 보이고 싶은 건 자유지만, '있는 그대로'의 의미를 똑바로 인식하고 있어야 하죠. 당신이 생각하는 '있는 그대로'로 일이 잘

풀리지 않는다면 자신을 갈고 닦아 매력을 드러내지 않으면 안 됩니다."
-히론, 《벼랑 끝에 선 여자가 연봉 천만 엔이 넘는 남자와 결혼하는 방법》, 미카사쇼보, 2015년

말할 필요도 없이 당신의 헤어스타일은 금발·흑발·갈색·빡빡머리를 한꺼번에 다 할 수는 없다. 네 종류의 토핑을 고를 수 있는 피자라면 모를까, 어쩌면 현대미술 분위기의 헤어스타일이 될 것이다. 아무튼 당신이 동시에 할 수 있는 것, 동시에 제공할 수 있는 헤어스타일은 제한되어 있다. 이것이 개인의 한계다.

자기잠식 현상

그렇다면 대규모 조직이라면 어떨까. 가령 당신이 켈로그재팬의 경영자라고 치자. 콘프레이크의 매출은 순조롭지만 미국 본사 CEO로 승진하기 위해서는 임기 중에 이익이 증대하는 가시적인 성과가 절실하다. 여기서 신제품을 투입해보면 어떨까 하는 생각을 하게 된다. 나쁘지 않은 생각이다. 요즘은 건강 지향 열풍이 불고 있으니 콘프레이크에 비타민C를 섞어서 파는 건 어떨까. 비타민C만으로는 효과가 부족하니, 비타민 B1·B2·B6에 비타민H까지 첨가해 궁극의 멀티비타민 제품 '콘프레이크 Z'를 출시하자. 운이 좋으면 특정 보건용 식품, 일명 기능성 식품으로 식약청에서 인가를 받을지도 모른다. 나중에 켈로그 본사 CEO를 은퇴한 후에는 '나의 이력서'를 기고해서 《건강 경영학》이라는 제목으로 경영서를 출간하자.

여기까지 머리회전을 위한 준비운동이었다.

자, 그렇다면 본격적으로 콘프레이크 Z를 판매하게 된다면 결과는 어떻게 될까. 실망스럽게도 이익은 증가하지 않을 것이다. 슈퍼마켓이나 편의점의 매장 면적은 한정되어 있으니, 상품진열대를 차지하기 위한 **원조 콘프레이크**(이하 원조)와 **콘프레이크 Z**(이하 Z)의 치열한 경쟁이 있을 것이다.

그리고 Z를 사는 사람 대부분은 이미 지금까지 원조를 애용해온 소비자일 것이기 때문에 Z의 매출 증가는 원조의 매출 감소로 나타날 것이다. 물론 지금까지 켈로그 제품에 눈길도 주지 않았던 소비자가 건강한 Z를 사게 된다면 전체 매출이 미미하게 증가할지도 모르겠다. 그러나 신제품 개발에는 돈이 들고, 새로운 생산라인도 필요하다. 결국에 회사 전체의 이익을 따져보면 승률이 낮은 도박이 될 것이다.

이것이 **'자기잠식'**^{Cannibalization} 현상이다. 원조와 Z는 같은 고객을 두고 싸우는 경쟁상품이므로, 신제품 Z의 투입은 대개 원조를 대체 혹은 치환한다. 회사 입장에서는 이익이 늘지 않는다면 애써 Z같은 신제품을 투입한 보람이 없다. 즉 켈로그재팬이 신제품 Z를 투입해야 할 인센티브(동기·원인)는 그다지 크지 않을 것이다. 바꿔 말하면, 이미 히트상품을 가진 회사에서 굳이 제품 혁신을 할 이유가 없는 것이다.

반대로 기존 기업이 이노베이션을 쉽게 할 수 있는 것은 신·기존 제품이 자기잠식을 하지 않을 때, 경제학용어로 말하면 **신·기존 제품 간의 대체성이 낮은 경우**다. 그러나 양쪽 제품의 특성이 겹치면 같은 소비자를 대상으로 다투게 되므로 자기잠식 현상이 발생해 대체성이 높다. 요컨대 대체성이란 **상품 간의 경쟁하는 정도**를 의미한다.

신규 기업은 어떨까. 신규 기업은 그 이름대로 시리얼시장에 새롭게 진입한 기업이므로 기존 제품이란 없다. 기업가가 막 창업을 시작한 회사이거나 타 업종에서 새로운 시리얼을 제조·판매하게 되었거나, 그 취지가 어떻든 상관없다. 중요한 것은 그들에게는 기존 제품이 없다는 점이다. 기존 제품을 보유하고 있지 않으니 자기잠식이 발생할 여지가 없다. 신제품이 팔리면 팔릴수록 시리얼사업 전체의 이익도 증가한다. 잃을 게 없기 때문이다. 따라서 신규 기업은 이노베이션에 적극적으로 참여하기 쉽다고나 할까, 그것 말고는 할 일이 없다.

이노베이션의 분류

앞서 '제품 혁신'이라는 단어를 썼는데, 여기서 이노베이션 타입에 대해 정리해보려 한다. 뭐 그렇다고 아주 많은 개념이 필요한 건 아니다. 이 책에서는 제품 혁신과 공정 혁신을 구별할 수 있으면 된다.

- **제품 혁신**이란 위의 콘프레이크 Z처럼 신제품·신상품·신서비스를 투입하는 일이다.

기존 제품의 품질을 향상시킨 '개량판'을 만드는 것도 여기에 포함시켜도 좋다. 그것은 정도의 문제에 지나지 않는다. 이에 비해,

• **공정 혁신**은 같은 것을 더욱 적은 비용으로 만드는 일이다.

제조·판매비용의 절감이다. 가령 50년 전에는 자동차 제조에 지금보다 많은 사람이 필요했지만, 지금은 공업용 로봇이 많이 쓰이고 있어 노동력에 드는 비용이 적게 든다. 30년 전, 가정용 컴퓨터는 지금보다 고가였다. 부품도 고가였고, 조립비용도 비싸게 들었다.

인생이 유한한 것과 마찬가지로 인간의 시간과 노동력도 유한하므로, 무언가를 만드는 비용이 줄어든다는 것은 인류에게 기본적으로 좋은 일이다. 소비자가 가진 돈도 유한할 테니 판매가격이 저렴해지면 사지 못했던 사람들도 구매할 수 있고, 남은 돈은 다른 곳에 쓸 수 있다.

자동차나 컴퓨터의 사례로 이미 눈치챈 사람도 있을지 모르겠다. 이들 제품은 제조비용만 저렴해진 게 아니라 품질도 향상되어 왔다. 더욱 좋은 제품을 만들기 위해서는 새로운 제조방법이나 공정이 필요하다. 따라서 제품 혁신과 공정 혁신은 중복되는 일도 많다.

단순한 사례를 분석하는 경우에 이 두 종류의 이노베이션은 수학적으로 같은 취급을 한다. 따라서 날개가 달린 생명체가 날아다니는 것을 보고, 그것을 나비라고 불러야 할지, 나방이라고 불러야 할지 고민할 정도의 차이밖에 없는 경우도 많다.

그렇지만 머릿속을 정리하는 의미에서 지금 말하고 있는 이노베이션이 **'제품의 특성'**에 관한 것인지, **'생산 공정'**에 관한 것인지, 아니면 '양쪽 다'인지는 구별할 수 있어야 한다. 전자는 소비자, 즉 수요와 직접 관련이 있지만, 후자는 주로 생산자, 즉 공급과 관련이 있다는 사실이다. 수요와 공급의 구별은 무척 중요하다.

자주 나오는 '수요', '공급', '균형'의 뜻

입문 수준의 경제학을 모르는(혹은 벌써 잊어버린) 사람들을 위한 설명

- **수요**라는 것은 사람들(이나 기업)이 '제품을 얼마나 사고 싶어 하는가'라는 것으로, 사는 쪽이 원하는 수량을 말한다.
- **공급**이라는 것은 만드는 쪽, 파는 쪽이 '제품을 얼마나 팔고 싶어 하는가'라는 것으로, 제공할 수 있는 수량을 말한다.

사는 쪽은 '가능한 한 저렴하게 사고 싶고', 파는 쪽은 '가능한 비싸게 팔고 싶은' 것이어서 사고 싶은 양(수요량)과 팔고 싶은 양(공급량)의 균형이 맞으려면, 그 제품의 가격이 '알맞은 가격'이어야 한다.

너무 싸면 '필요한 사람은 많은데 팔 제품이 없는' 상황이 되고, 반대로 너무 비싸면 '파는 사람은 많은데 살 사람이 전혀 없는' 안타까운 결과를 낳는다. 그러나 세상은 잘 굴러가는 곳이어서(이상한 규제나 특수한 사정만 없다면), 제품의 가격이라는 것은 갈 데까지 갔다가 점차 자리를 잡는다. 이러한

- 수요량과 공급량이 일치하는 가격을 '**균형**' 가격이라고 한다.

균형이라는 것은 밸런스가 맞다, 적당하다는 의미다.

이 외에도 경제학에서는 대체적으로,

① 사는 쪽이 자기에게 이익이 되도록 물건을 구입하고 있다,

② 파는 쪽이 자기에게 이익이 되도록 물건을 판매하고 있다,

③ 시장에 나온 제품이 남거나 모자라지 않는다,

고 하는 3박자가 맞는 상태를 '균형'이라 부르고 있다.

이러한 사정이 잘 맞으면 그 이상은 변화하지 않는다. 그런 '갈 데까지 갔다' 는 것이 대체 어떤 상황일까. 그런 장면을 침착하게 분석하는 일이 경제학의 임무다.

후반부에서는 업계의 동향(시간에 따른 변화·움직임)도 분석의 도마 위에 오르게 되겠지만, 그때는 조금 더 확장된 버전의 '균형' 개념으로 요리할 생각이다.

그렇다고 해도 단순히 ①이나 ②의 '자기에게 이익이 되도록'의 부분이 좀 더 강화되어, '자기에게 이익이 되도록 앞을 내다보고' 행동하는 모습을 분석하는 것뿐이다. 자세한 것은 4장·8장·9장에서 논하겠다.

제품·공정의 구별 외에 한 가지 더 자주 사용되는 것은,

- 점진적 incremental
- 급진적 radical

이라는 구별로, 이노베이션의 정도가 큰지 작은지, 혹은 그때 이용하는 기술이 지금과 같은지 다른지에 주목한 용어다. 가령 소비전력이 지금까지보다 2% 적게 드는 휴대전화는 점진적인 제품 혁신이고, 전기자동차는 가솔린 자동차에 비하면 급진적인 제품 혁신이라는 인상을 준다.

만약 2%의 소비전력 개선이 사실은 획기적인 전지화학 기술의 발견에 따른 것이라면, 그것은 기술적으로는 '급진적'인 변화라고 할 수 있고, 운전자에 따라 승차감이 별로 변한 것 같지 않다면 자동차의 에너지원이 전력이든 가솔린이든 별 상관없는 '점진적'인 변화에 지나지 않는다는 '관점'도 있을 것이다.

그래서 현실의 사례를 생각할 때는 '절대적인 단 하나의 분류가 있다'고 생각해서는 안 된다. 그보다는 지금 자신이 말하고 싶은 것은 무엇인가, 어떤 문제에 답하고 싶은가, 하는 문제 설정에 입각해 접목해야 할 측면에 초점을 맞춰야 한다. 중요한 것은 문제 설정이고, 그로 인해 어떠한 개념·구분의 방법이 유용할지가 달라지기 때문이다.

색색의 나비들을 제대로 분류하는 것도 중요하지만, 나비들을 사랑하고, 나비들이 나는 메커니즘을 해명하는 일은 더욱 중요하다. 그리고 자신이 찾고 있는 것이 어떤 나비인지, 무엇을 위해 나비를 찾고 있는가를 잊어서는 안 된다.

주제로 돌아가자. 상품 간 대체성이 높으면 자기잠식 현상이 발생하게 되고, 기존 기업 입장에서는 신제품을 투입해도 별로 이익이 되지 않기 때문에 제품 혁신을 하려는 의욕이 없다는 이야기를 하던 중이었다.

상품 간 대체성에 대한 이해를 높이기 위해 몇몇의 구체적인 사례를 생각해보자.

동질적인 재화의 사례

우선 대체성이 극단적으로 높은 경우, 즉 어느 상품이나 다 비슷한 사례를 살펴보자. 가령, 비타민C라는 유기화합물(아스코르빈산)은 기본적으로 어떤 회사가 만들어도 같을 수밖에 없다. 고순도 결정을 정제해서 용도별로 몇몇 농도의 제품으로 나누지만, 본질적으로는 같은 것이고, 어떤 회사든 다양한 농도의 제품을 똑같이 만들고 있다. 이런 제품을 '동질적인 재화'^{同質財}라고 한다.

한편 '재화'라는 경제학 용어는 모든 물품을 가리키는 총칭으로, 이 책에서는 구체적인 형태가 없는 '서비스', 예를 들어 헤어커트나 마사지, 법률관계의 조언 등도 포함해 '재화'나 '일'이라고 부르기로 한다.

비타민C처럼 동질적인 재화 시장인 경우, 어차피 신제품이 등장할 여지가 없다. 비타민A나 비타민E는 전혀 다른 화합물이어서 비타민C와 무관하고, 비타민C에 착색을 하거나 제품에 새로운 이름을 붙이는 것도 헛수고다. 비타민C를 사는 쪽은, 그것을 산화방지제로 첨가물에 쓰는 식품 제조사나 음료 제조사(예를 들면 코카 콜라사), 혹은 이것을 원재료로 소비자용 비타민제를 만드는 제약회사(예를 들면 다케다 약품) 등이 있고, 이러한 고객에게는 겉만 그럴듯한 광고·마케팅은 전혀 통하지 않는다.

반대로 무지한 소비자에 대해서는 '교육적 마케팅'이나 브랜드 이미지, 즉 머릿 속에서의 '차별화'가 유효하다. 비타민제의 건강 증진 효과는 사실 과학적으로 입증된 바가 없다. 이것은 미국의 2000년대 재판 자료만 보더라도 전문가와 제조기업이 스스로 인정하고 있는 사실이다. 그럼에도 불구하고 비타민제 섭취가 '몸에 좋다'는 생각이 신앙처럼 정착해 있다.

만약 당신 주위에 비타민 신봉자가 있다면 이 안타까운 사실을 알려주자. 아마 침을 튀겨가며 반론을 제기할 것이고, 추천하는 제품이 있을지도 모른다. 여기까지 오면 광고 효과가 대성공이 아닐까 싶다. 만약 그런 브랜드 이미지를 확립시켰다고 한다면 그것은 일종의 제품 혁신으로 기능하는 것이므로 이번 장의 이야기가 그대로 적용된다. 그러나 이 책은 마케팅 교과서가 아니므로 깊이 들어가지는 않겠다.

2000년대 이후, 세계의 비타민C 시장을 석권하고 있는 것은 중국의 국유기업이다. 가령 둥베이제약東北製藥은 이름 그대로 중국의 둥베이 지역에 있으며, 만주국시대 다케다제약의 공장을 기반으로 설립된 대규모 국유 제조사다. 화베이 지방에는 화베이제약華北製藥이라는 국유 대기업이 있다. 그러나 둥베이에서 만들든 화베이에서 만들든 비타민C는 비타민C일 뿐 전 세계에 거의 공통된 시장가격이 매겨져 있다.

동질적인 재화 시장에서 유일하게 유효한 것은 공정 혁신, 즉 제조

비용이 저렴하다는 점이다. 1990년대까지 비타민C 시장은 로슈(스위스의 제약회사), 다케다, 머크(독일의 제약회사), BASF(독일의 종합화학제조사)가 사대천왕으로 지배해 왔으나, 중국 기업이 획기적인 신제조법인 '2단계 발효법'을 발명해 생산체제를 갖추자, 이들 제조사들은 순식간에 세계시장에서 내쫓기고 말았다. 기존의 '1단계 합성법'이라는 고비용 설비밖에 갖추고 있지 않았기 때문이다. 이처럼 제품 간의 차별화가 없는 동질적인 재화 시장에서는 비용경쟁력이 전부라고 할 수 있다.

그렇다면 로슈나 다케다는 왜 스스로 신제조법을 도입하지 않았을까? 로슈만 하더라도 80년대에 이미 중국에서 신제조법의 특허를 구입한 상태였다.

'그런 과학상의 신발견을 몰랐다'라든지, '설마 신기술이 성공할 줄 몰랐다'라는 것은 결과론적 경영학, 혹은 그냥 거짓말이다.

두말할 나위 없이, '나의 이력서'에서 경영자가 떠드는 것을 그대로 믿는 학자는 어리석다. 인간은 자신에게 유리한 말만 하므로 무엇을 말했는지가 아니라, 실제로 무엇을 했는지를 보고 판단해야만 한다. 그것이 경제학자의 입장이다.

혹은 반대로 문화인류학자처럼 연구 대상인 집단에 스스로 잠입해 오랜 시간을 함께 생활함으로써 그들이 '하는 말'이나 '행동'의 진의를 분석하는, 열의 가득한 '참여 관찰'(실제로 연구 대상 속으로 들어가 깊이 관찰하는 것)을 해야 할 때도 있다. 일본기업을 대상으로 한 최근의 연구에서는, 가령 '조직사회학으로 본 《호보니치》'(히구치 아유미, 2017, DIAMOND 하버드 비즈니스 리뷰 게재)와 같은 느낌이다.

한편 조금 전의 질문에 대해서는 스탠퍼드대학 경제학부의 케네스 애로^{Kenneth Joseph Arrow}(1972년 노벨경제학상 수상자, 1921~2017)가 1962년에 쓴 논문에서 답을 찾을 수 있다. 언뜻 보면 무미건조한 수식이 나열된 몇 장에 불과한 이론 연구다. 하지만 그 단순명료한 분석은 로슈나 다케다가 중국 기업처럼 공정 혁신에 뛰어들지 못한 이유를 '치환효과'라는 논리로 해명하고 있다.

내가 워싱턴 D.C. 지방재판소의 서고에서 발견한 미국 민사재판 자료('독점규제법'[6] 위반으로 이미 유죄가 확정된 카르텔을 형성한 일본과 유럽 기업에 소비자 측 약 4,000개 회사가 손해배상을 청구한 사건)에 따르면,

- 1990년대까지 로슈(구제조법 사용)의 비타민C 사업은 1kg당 세계 공통의 판매가격이 10달러였고 제조원가는 5달러이므로 이익은 10-5=5달러였다.
- 이에 대한 중국 측 데이터는 정확하지 않으나 신제조법에 따른 둥베이제약의 제조원가가 2달러라고 한다면, 로슈, 다케다, 둥베이제약 모두 같은 비타민C를 같은 세계시장에 팔고 있으므로, 둥베이제약의 판매가격도 10달러이므로, 즉 이익은 10-2=8달러가 된다.

'신규 기업'인 둥베이제약에게 이 8달러는 그대로 이익의 실질적 증가분이 된다.

그렇다면 여기서 기존 기업의 손해와 이익을 생각해보자.

만약 로슈가 신제조법을 도입해 원가를 5달러에서 2달러로 절감

---

6) 산업의 독점을 막고 경쟁을 촉진하기 위한 미국의 연방법.

했다 하더라도 이익의 실질적 증가는 8−5=3달러에 그친다. 구제조법으로도 5달러의 이익을 내고 있었기 때문에, 실질적인 증가분이 적다.

바꿔 말하면, 신기술로 벌어들이는 8달러 중에 5달러는 애초에 구기술로도 벌 수 있는 이익을 새삼 신기술을 이용해 번 것일 뿐이다. 즉 신기술로 같은 금액의 이익을 '치환'했을 뿐이다.

2단계 발효법을 도입하기 위한 추가비용(기존설비 폐기, 신설비 구축, 인원쇄신 등)을 감안한다면 로슈나 다케다와 같은 기존 기업이 일부러 신기술로 갈아타면서 얻는 이점은 적다고 하는 경영 판단도 합리적일지 모른다.

이것이 애로가 말하는 '치환효과'다.

기존 기업은 '이미'^既 '있는'^存 존재이므로 이노베이션으로 인한 추가 이익은 그만큼 줄어든다는 말이다.

수직 차별화된 재화의 사례

동질적인 재화보다 대체성이 낮은 경우로 '수직 차별화' 혹은 '품질 차별화'된 재화가 있다. 가령 컴퓨터의 두뇌에 해당하는 CPU는 처리 속도가 빠르면 빠를수록 좋다. 메모리는 기억 용량이 크면 클수록 좋다. 바로 '누구나 인정하는 명확한 품질 기준'이 있다. 그래서 고품질의 칩일수록 비싸고, 저품질의 칩일수록 저렴하다. 품질의 고저에 따른 차별화다.

최고품질의 칩이 다른 모든 칩을 내몰아버린다고는 할 수 없다.

'온라인 게임에서 무조건 이기고 싶다'는 욕망에 사로잡힌 게임중독자라든지, 연구를 위해 고속 계산과 통계 처리를 반복하는 경제학자와 같은 일부 특수한 사람들을 제외하면 고성능 칩(을 탑재한 컴퓨터)을 필요로 하는 사람은 그다지 많지 않다. 메일과 SNS와 문서작성·계산·슬라이드 작성 정도의 일반적인 용도라면 5년 전, 10년 전에 나온 구형 칩으로도 충분하다.

이러한 시장에서의 기술혁신에는 제품 혁신(더욱 고품질의 제품을 생산)과 공정 혁신(같은 품질의 제품을 더욱 저렴하게 생산)이 양립할 수 있다.

전자의 사례로 인텔^{Intel}의 CPU나 삼성의 플래시메모리가 지금까지 최첨단이었다.

후자의 사례로는 수율개선(결함제품의 생산율을 낮추는 것)이나 학습효과(같은 것을 만들다보면 저렴하게 만들 수 있는 비결을 체득하는 일)에 따른 생산성 향상을 들 수 있다.

또한 제조공정 그 자체는 같아도, 중고 구형 제조설비를 싸게 인도받아 인건비가 싼 베트남이나 코스타리카와 같은 개발도상국에 공장을 세우면 총비용을 절감할 수 있다. 혹은 법인세가 싼 아일랜드처럼 선진국에 공장을 세워 그곳에서 생산·출하하는 방법도 있다. 이 수단은 대개 설비 투자의 오프쇼어^{offshore}(좁은 의미로 오프쇼어링)나 해외제조사 외주(아웃소싱)도 포함한 '공급 사슬 관리'$^{supply\ chain\ management}$의 분야에서 언급되는 경우가 많으나 그 본질은 '총생산비용의 저감', 즉 공정 혁신이다.

CPU의 인텔은 30년 전부터 최고로 군림해 오고 있고, 삼성의 메모리사업도 오랫동안 독보적이다. 그런 의미에서 이들을 '이노베이터의 딜레마'의 패턴에 포함시키기는 힘들다.

왜냐하면, 일단 최첨단 반도체 제조장치는 어마어마하게 비싸기 때문이다. 특히 전자회로를 실리콘웨이퍼[7] 표면에 투영하는 노광장치[8](네덜란드의 ASML, 일본의 니콘과 캐논만이 만들 수 있다)나 빛을 쬔 회로도대로 웨이퍼의 표면을 깎는 에칭장치(미국의 램리서치와 어플라이드 머티어리얼즈, 일본의 도쿄일렉트론과 히타치 하이테크놀로지즈만이 만들 수 있다)는, 하나같이 무지막지하게 어려운 기술의 결정체다. 이런 제조장치는 한 대에 수십억 엔이 넘는다.

설령 그 장치를 모두 갖췄다 해도 아무나 조작할 수 있는 공작기계가 아니다. 우수한 전자회로를 디자인해서, 실제로 칩을 제조하고, 결함제품을 줄이기 위해 제조공정을 재점검한 뒤, 회로를 개량하고…… 라는 까마득한 작업이 필요하다. 이를 위한 노하우를 축적하고 있는 것도 경험이 풍부한 기존 기업뿐이다. 돈과 야심과 아이디어가 제아무리 많아도 하루아침에 진입할 수 있는 분야가 아니다.

한마디로 이 시장은 자금·인재·지식 면에서 진입장벽이 어마어마하게 높다. 품질 경쟁, 설비투자 경쟁의 결과로서, 실질적인 진입 장벽도 매년 높아지고 있다. 따라서 수직 차별화된 재화의 이노베이션은 비교적 장기간에 걸쳐 같은 면면의 기존 기업이 이끌고 있는 경우

7) 집적회로를 만드는 토대가 되는 얇은 규소판.
8) 반도체나 LCD 제조 과정에서 사진을 인화하는 것처럼 빛을 쬐어 회로를 그리는 장치.

가 많다.

하지만 여기에서도 제품 간의 대체성에 따른 '자기잠식' 현상은 발생하고 있다. '치환효과'도(눈에 보일만큼 현저한지는 차치하고라도) 존재한다.

가령 '립프로그'^leapfrog(교대 이동)라고 하는 현상이 있다. 복수의 선두기업이 교대로 최첨단 제품을 발매하는 패턴이다. 현재 최고품질의 제품을 제공하고 있는 회사가 잠시 쉬고, 다음 타자인 두 번째, 세 번째 회사가 차세대 최고품질의 신제품을 투입한다. 이것을 반복하는 것이다.

'립프로그' 현상의 메커니즘은 앞서 언급한 비타민C의 공정 혁신 이야기와 비슷하다. 신기술을 도입한 것은 세계 최고였던 일본과 유럽의 제조사가 아니라, 후발인 중국 국유기업이었다. 그것과 같은 구조다. 잃을 것이 적은 플레이어(여기서는 두 번째나 세 번째 기업) 쪽이 적극적으로 신기술을 도입한다. 이익 순증의 폭이 크기 때문이다.

CPU 시장에서는 독점상태의 인텔이라고 해도 사각이 없는 건 아니다. 지난 50년에 걸쳐 CPU의 계산 속도나 메모리 용량의 계속적인 상향을 지탱해온 것은 '무어의 법칙^9)'이라는 경험적 예측으로, 제조장치의 개량과 함께 반도체의 회로밀도(얼마나 가는 선위를 전자가 왕래할 수 있는가)는 1, 2년마다 두 배로 증가한다고 하는 처절한 진보를 이룩해 왔다. 전자의 이동거리가 짧아질수록 그만큼 CPU의 계산속도는 빨라지고, 같은 크기의 메모리칩에 넣을 수 있는 정보량은 늘어난

---

9) 마이크로칩의 성능이 2년마다 두 배로 증가한다는 경험적 예측.

다. 그러나 이 경험적 예측도 물리적 한계를 맞고 있으며 컴퓨터 업계 전체로는 CPU 이외의 전자부품을 활용함으로써 종합적인 성과 개선으로 이어가려는 움직임을 보이고 있다.

CPU와 인공 지능

가령 GPU(화상 처리 유닛)는 CPU와 같은 속도로 복잡한 계산은 할 수 없지만 화상 처리와 같은 '하나하나의 단순한 계산을 동시에 병행해 대량으로 처리하는' 작업에 특화된 반도체칩이다. 이 특성을 이용해 컴퓨터 프로그램을 만든다면 실행 속도를 높일 수 있다. 그렇게 되면 GPU의 용도는 더 이상 정지화면이나 동영상과 같은 '좁은 의미의 그래픽'에 국한되지 않는다.

GPU와 관련해 조금 벗어난 이야기지만, '기계 학습'이란, 데이터 분석을 주로 하는 컴퓨터 과학의 기술군이다. 그중에서도 최근 개발이 두드러지고 있는 '심층 학습(딥러닝)'이나 '강화 학습' 기술은 그야말로 '하나하나의 단순한 계산'(가령 '합성곱'이라고 하는 덧셈과 곱셈의 덩어리나, 몬테카를로법이라 불리는 시뮬레이션을 사용한 통계 처리)을 '동시 병행'하는 것으로, GPU의 품질 향상이나 '병렬 계산'의 혜택을 입은 분야라고도 할 수 있다. 2017년에 바둑과 장기에서 인간계의 최고 프로 기사를 이긴 구글·딥마인드의 알파고나 프로그래머 야마모토 잇세이가 만든 포난자라는 게임용 AI(인공 지능)도 이러한 발전의 한 성과다.

GPU도 반도체칩이라는 의미에서는 CPU나 메모리와 같은 반도체 업계의 제품이기는 하다. 그러나 GPU 시장은 인텔과 삼성이 아니라, 엔비디아^{NVIDIA}가 독점하고 있다. 그들의 강점은 회로설계이며, 칩의 제조 공정은 대만의 TSMC와 같은 제조전업회사에 위탁하고 있다. 하드웨어를 만들기 위해 거액의 설비 투자 없이도 가능한 전략이다. 앞서 말한 인텔처럼 자사 공장의 해외 이전이 아니라, 해외 기업으로 아웃소싱을 포함한 타입으로 '넓은 의미의 오프쇼어링'이다.

회로 설계에 특화된 팹리스^{fabless}(반도체 설계 전문기업) 체제가 CPU나 메모리처럼 성숙된 품질 경쟁의 세계에서 반드시 효과적이라고는 할 수 없다. 그곳에는 설계 공정과 제조 공정에 걸친 사내 부문 간의 면밀한 조정에 따른 생산성 향상도 비용 경쟁력의 중요한 원천이 될 수 있다. 그래서 인텔과 삼성처럼 '수직 통합' 체제가 위력을 발휘해 온 것이다.

그러나 엔비디아가 전문인 GPU나 퀄컴^{Qualcomm}이 내세우는 휴대전화용 통신칩처럼 아직 기술과 수요가 유동적이고 수평적인 차별화(차후에 설명)가 활발한 시장에서는 팹리스 체제가 유효하다.

'같은 것을 얼마나 대량으로, 성능 좋고 저렴하게 만들 수 있을까'라는 경쟁이 아니라, 오히려 '다양한 용도와 수요에 얼마나 발 빠르게 대응할 수 있을까'라는 경기종목이므로, 고객 기업과의 접근성이나 기술 동향에 대한 조예, 그리고 '아이디어를 설계로 이행하는 스피드와 정밀도'만이 가장 중요한 스킬이 되기 때문이다. 그러한 장르라면 공장이나 제조 장치에 들어가는 설비 투자는 전문업자(대만 TSMC와 같이 수탁생산전문 업체로 '파운드리'라고 불리는 기업)에게 위탁하는 것이 업계 전체의 공급망으로서 분업의 메리트가 크다.

90년대에 대두된 대만 TSMC와 같은 제조전업제조사의 존재가 결과적으로 엔비디아나 퀄컴과 같은 설계전업제조사의 성장을 도운 것이다. 반도체 업계의 '진입장벽'이 부분적으로 낮아졌다고도 할 수 있다. 대단한 능력을 가진 것으로 알려진 인텔과 삼성도 반도체의 모든 부문에서 최첨단에 자리매김할 수는 없게 되었다.

일본산 반도체의 사체 해부

참고로 '수직 통합'과 '분업 특화' 분야에서 90년대 이후의 일본의 반도체 제조사는 흐름을 주도하지도, 신조류에 대응하지도 못했다(유일하게 예외가 있다면 도시바의 메모리사업).

2000년대 전반에 히타치제작소, NEC, 미쓰비시전기의 각종 반도체 사업의 대합병이 있었고, 명목상으로는 엘피다나 르네상스라고 하는 '일본의 반도체'를 칭하는 주식회사의 산하에 집약되었다.

그러나 내가 지난 25년간 전 세계 반도체공장의 데이터를 분석한 결과, 명목상 대합병을 한 일본 제조사들은 일본 각지에 분산된 수십여 개의 영세공장이 따로따로 적자 조업을 하고 있을 뿐, 인텔이나 삼성처럼 집약적인 설비 투자를 할 기미가 전혀 보이지 않았다.

무의미한 공장을 다수 보유하면서 세금을 낭비하고, 그대로 쇠퇴해버린 일본의 반도체 산업. 썩어문드러진 사체나 좀비 기업을 해부하는 것은 울적해지는 작업이므로 얼른 해버리고 말자. 데이터에서 추측되는 사인^{死因}은 세 가지다.

- 첫째, 현지·국내의 공장을 폐쇄하고 싶지 않다는 시골 정치가적인 발상, 혹은 압력.
- 둘째, 세계 기술 동향에 동참하지 못한 채로(심지어 스스로가 무지함을 인식하지 못한 채) 행정기관이 알아서 세금을 쏟아부어주면 어떻게든 될 거라는 안일한 생각을 한 '한심한 엘리트'들.
- 셋째, 일본이 개발도상국이었던 80년대까지의 '무전략' 경영밖에 모르는 세대가 경영진이 되어 목적 없이 되는대로 무의미한 '노력'에 힘을 쏟은 것.

이상의 특징은 90년대 후반에 국가 전체가 적자로 전락한 중국의 국유기업과 닮아 있다. 2000년 전후로 중국정부는 대규모 정리 해고를 단행한다. 동시에 WTO(세계무역기구)에 가입했다.

2000년대의 중국과 중국 기업은 아직 촌티를 벗어나지 못했다는 느낌이 있었다. 그러나 헝그리 정신과 자유로운 발상을 가진 기업가들이 대거 존재하는 국가다. 그들이 신규 진입과 총원옥쇄[10]를 되풀이 하고 난 2010년대는 과연 어떠했을까. 하이테크 분야 민간기업은 미국 실리콘밸리에 필적하는 존재가 되었다.

이젠 일본 기업이 중국을 라이벌로 생각하는 것 자체가 주제넘는 짓이다. 쓸데없는 자존심은 버리고, 훔칠 수 있으면 훔치고, 베낄 건 베끼는 태도가 이익이 될 것이다. 변명은 많겠지만 실적이 모든 걸 말한다.

....

10) 안 될 것을 알면서도 부딪쳐 깨지고 사라진다는 뜻.

수평 차별화된 재화의 사례

어쩌다보니 일본의 반도체라고 하는 별 도움도 안 되는 샛길로 빠지고 말았다. 상품 간 자기잠식·대체성과 치환효과라는 주제로 돌아가자.

GPU나 통신용 칩의 사례에서 나온 '수평 차별화'의 이야기를 해볼까 한다.

'누구나 동의하는, 이해하기 쉬운 평가 기준'으로 품질을 비교할 수 있는 수직 차별화된 재화와는 달리, 많은 시장, 특히 소비자 개인이 구매하는 최종 제품·서비스에 있어서는(이미지나 브랜드 파워를 포함한) '다종다양한' 차별화가 일어나고 있다.

삼각김밥의 종류를 예로 들어보자. 나는 매실장아찌와 명란젓 삼각김밥을 좋아하지만, 내 조교는 다랑어포와 참치마요를 좋아한다. 아무리 내가 보스라고는 해도 조교에게, '매실장아찌는 참치마요보다 고품질이다'라는 것을 객관적으로 입증할 방법이 없다. 식성은 다 다르니까.

아침식사용 시리얼이라면 나는 딸기슈레드위트와 초콜릿팝을 좋아하지만, 조교는 메이플 피칸그래놀라를 좋아한다. 단, 둘 다 콘플레이크는 매일 아침 먹고 있다. 이들 제품 간에 '품질'을 논하는 것은 시간낭비다. 따라서 시리얼은 '수평적'으로 차별화된 재화라고 할 수 있다.

이러한 시장에는 정말 다양한 상품이 있어서 상품간의 대체성, 즉 특성이 얼마나 겹치는가, 겹치지 않는가 하는 관계성도 복잡하다.

'콘플레이크'와 '콘플레이크 Z'는 지극히 닮아 있어 대체성이 높다. 따라서 강력한 자기잠식이 발생할 것이다.

반대로 '콘플레이크'와 '메이플 피칸그래놀라'는 공통점이 별로 없어서 대체성이 낮다. 따라서 켈로그가 이 계통의 신제품을 투입해도 콘플레이크와는 경쟁하지 않으니 자기잠식 정도도 낮을 것이다.

그러므로 켈로그 입장에서는 콘플레이크 Z의 투입은 주저하겠지만, 그래놀라 계열의 신제품을 투입하는 것에는 망설일 이유가 없다.

차별화된 재화에 대해 지금까지의 설명을 그림으로 표현하면 도표2-1과 같은 느낌이 될 것이다.

도표 2-1 | 수요의 '대체성'이 이노베이션 동기에 미치는 '치환효과'

사례 1	**대체성 없음**	
	→ 신제품 도입만큼 이익도 순증	구 신

사례 2	**대체성 있음(소)**	
	→ 자기잠식만큼 메리트 감소	구 신 / 자기잠식

사례 3	**대체성 있음(대)**	
	→ 기존 제품이 신제품으로 치환될 뿐	구 신 / 자기잠식

사례 4	**신규 기업**	
	→ 제로에서 시작	구 신

실증과제 = 대체성(수요의 교차탄력성) 측정

상당히 단순화시켰지만, 예컨대 상품 특성이 중복되면(특성이 겹치면) 대체성이 높고, 자기잠식도 크기 때문에 신제품 투입의 메리트가 줄어든다.

지금까지 대체성에 대해 '닮았다'라든지 '특성이 겹친다'라고 하는 직감적인 단어를 썼는데, '경제학자치고는 꽤 애매모호한 단어만 쓴다'고 생각하는 사람이 있을지도 모른다. 언뜻 주관적이고 손에 잡히지 않을 것 같은 '대체성'이라는 개념이지만, 실제로는 데이터에서 엄밀히 측정할 수 있다.

세세한 것은 전문적인 이야기가 되므로, 데이터 분석에 초점을 맞춘 5장과 6장을 읽어주기를 바라지만, 상품 간 수요의 '교차탄력성'이라는 고전적인 개념은 실증가능하다. 다시 말해, '자기잠식 정도'라든지 '치환효과'도 데이터에서 역산할 수 있다.

이번 장은 어디까지나 자기잠식이라는 개념에 대해 설명하는 것이 목적이므로, 데이터 분석은 제쳐두고 수평 차별화의 구체적인 사례를 하나만 더 들어보도록 하자. 소매점의 지리적 차별화다.

수평 차별화 응용 사례 : 지리적 차별화

체인점이나 레스토랑을 지도상에 일일이 표시하다 보면, 편의점이라든지 패밀리 레스토랑이 밀집해 있거나 혹은 상당히 떨어져 있는 모습을 볼 수 있다. 역 앞 상점가나 교차로, 혹은 쇼핑센터 안이라는 입지적 특성도 중요하고, 고객의 이동 수단이 도보인지 자동차인지

전철인지에 따라서도 이동 거리나 시간은 달라진다.

대략 근처에 있는 가게끼리는 경쟁을 하고, 멀리 있으면 별로 경쟁이 되지 않을 것이다. 마치 도표 2-1을 지도상에 펼쳐놓은 것과 같다.

스타벅스와 맥도날드나, 세븐일레븐이 하나의 지역에 여럿 있는 것을 본 적이 있을 것이다. 소매업계에는 상권 인구라는 단어가 있는데, 예컨대 '그 지역에 얼마나 소비자가 있고, 어느 정도의 수요가 예상되는가'를 상정해, 저렴한 토지와 건물을 선택해 출점한다. '소매는 입지가 모든 것이다'라는 설도 있다.

아무리 인구 밀집 지역이라고 해도 1호점, 2호점, 3호점……, 계속 늘어나다 보면 언젠가는 같은 손님을 두고 경쟁하게 된다. 자기잠식의 지리적인 사례다.

가령 도쿄 세타가야구 기타미 9번지에 살고 있던 나에게, 오다큐선 기타미역 주변의 훼미리마트와 세븐일레븐 사이의 '대체성'은 높았다. 둘 다 가까웠기 때문이다.

한편 다음 역인 세이조가쿠인마에역 앞 상점에 가려면 전철을 타든지 자전거로 가파른 언덕을 올라가야만 했다.

기타미역 앞의 슈퍼마켓 '서미트스토어'와 세이조가쿠인마에역 앞에 있는 슈퍼마켓 '세이조이시이'와는 수평적(지리적)으로 차별화되어 있어 대체성이 낮았다. 또한 서미트가 서민적이라면 세이조이시이는 부유층을 위한 곳이라는, 품질·가격 면의 수직 차별화도 있다. 기타미에 사는 서민 입장에서는 이들 두 슈퍼마켓 간의 대체성은 전무하다.

기존 기업과 신규 기업의 이노베이션의 이야기와 아주 똑같은 메커니즘이 소매점 출점에도 적용된다. 세븐일레븐이 기타미 9번지에 2호점을 출점해도 이점은 적다. 바로 옆 8번지에 이미 있기 때문이다.

그러나 이 동네에 아직 들어오지 않은 로손 입장에서는 9번지에 1호점을 진출시킬 여지가 있을지도 모른다. 만약 그렇게 된다면 9번지 사람들에게는 '맛있는 매실장아찌 삼각김밥과 명란젓 삼각김밥을 30초만 걸어서 가면 살 수 있다'고 하는 멋진 미래가 기다리고 있을 것이다.

편의점의 출점 전략에서는 '같은 지역에 대량 집중 출점'하는 세븐일레븐의 수법(일본의 소매업계에서 '도미넌트 출점'이라고 불리는 전략)이 유명하다. 기존 점포와 자기잠식을 하는데도 불구하고 어째서 세븐일레븐은 과밀한 신규 출점을 하는 것일까? 트럭 1대로 효율적인 상품 반송이 가능하기 때문이라는 유통비용상의 이점도 있지만, '유망한 입지를 경쟁기업보다 먼저 차지한다'고 하는 꼼수도 있다. 이른바 '선점하기 전략'이다.

다음 장에서는 '자기잠식 현상'과는 반대로 기존 기업을 이노베이션으로 내모는 요인이기도 한 '선제 공격'의 이야기를 해보자.

제3장

Preemption

선점하기

연거푸 처절한 비유를 들어 죄송하지만, 두 청년이 똑같이 하숙집 딸을 좋아한다고 치자. 첫 번째 청년은 K라고 하는데, 집에서 사찰을 운영하는 강직한 성격으로, 어느 날 하숙집 딸에 대한 절절한 사랑을 또 다른 청년에게 털어놓았다. K의 마음을 안 두 번째 청년은 이렇게 생각했다. '결단이 필요하군. 내가 K보다 먼저, 그것도 K가 모르는 사이에 얼른 고백해야겠어.'

각오를 다진 두 번째 청년(이름은 '선생'이다)은 하숙집 주인에게 "따님을 제게 주십시오" 하고 청했다. 주인은 "기꺼이 그렇게 하지요" 하고 즉답함으로써 두 사람의 결혼이 결정되었다.

이 이야기를 들은 K는 목숨을 끊었다. 친구에게 남긴 유서에는 '자신은 우유부단해서 도저히 앞날을 기대할 수 없으니 이만 목숨을 끊는다'라고만 쓰여 있었다.

이것이 **선점하기**, 혹은 **선제공격**이다.

누구라도 지는 것보다는 이기는 것을 좋아한다. 당신이 처한 상황이, 앞질러 행동해서 반드시 이기는 게임이라면 당신은 주저하지 말고 선제공격을 해야 하고, 그것이 만약 돈이 드는 일이라면 어떻게든 돈을 긁어모아야 한다. 앞질러 행동하면 반드시 이길 수 있는 게임인데 뒷북을 친다는 건 죽음을 의미하기 때문이다.

참고로 나쓰메 소세키의 소설《마음》의 경우, 승자여야 했을 '선생'도 결국 자살해버린다. 요컨대 인생은 승자 없는 게임이라는 서글픈 결말이지만, 그런 인간의 마음의 미묘한 사정은 무시하고 다음으로 넘어가자. 도저히 그렇게 못하겠다는 독자는 이 소설의 제3장 '선생님과 유서'를 읽어주길 바란다.

승자 독식의 사례

이처럼 승자가 모든 것을 갖는다는 승자 독식의 게임에서 플레이어는 타인보다 조금이라도 빨리, 혹은 조금이라도 많은 돈을 쏟아 부어 승리를 거머쥐려 할 것이다. 만약 어떠한 이유로 속도가 느리거나 자금력이 궁핍한 플레이어가 있다면 그 사람은 결코 승리할 수 없다. 그런 의미에서 태생(인지 어떤지는 알 수 없지만)이 우유부단한 청년 K의 패배와 죽음은 처음부터 정해진 운명이었다고까지 말할 수 있다.

사실 이 책에 정리한 나의 연구도 비슷한 연구를 진행하고 있는 다른 학자팀과의 스피드 경쟁이었다. 어쩌다 상대팀의 리더 격인 교수가 이적으로 바쁜 틈을 타 무명의 학생(나)이 학회발표를 하고 말았던 것이다. 나중에 그 교수님이 이끄는 팀 멤버에게 들었는데, 진짜 간발의 차이였다고 한다!

현실의 산업에서는 명확하게 한 회사만 승리해 살아남고, 나머지 회사는 모두 망하는 극단적인 사례는 적을지도 모른다. 그러나 그에 가까운 사태를 상상해보는 것은 가능한 일이다.

가령 지난 10년 사이에 대두된 컴퓨터 과학기술에 심층 학습(딥러닝)이라는 것이 있다. 2015~2017년에 걸쳐 체스나 장기보다 더 복잡한 지적 게임인 바둑에서 쟁쟁한 세계챔피언들을 상대로 완승을 거둔 알파고라는 AI가 있는데, 여기에 쓰인 기술이 딥러닝계의 수리 모형과 통계 처리였다. 이것을 개발한 것은 구글 산하의 딥마인드^{DeepMind}였다.

영국 런던을 거점으로 하는 딥마인드를 손에 넣기 위해 구글과 페이스북이 매수 교섭을 진행했지만, 2014년 결국 5억 달러에 구글에 팔렸다. 먼 미래에는 딥러닝이 얼마나 중요한 기술이 되어 있을까, 그리고 구글에게 있어 딥마이드를 산하에 두는 메리트는 얼마나 큰 것일까, 지금의 우리로서는 알 턱이 없다. 그러나 만약 장래에, (딥마이드를 매수하지 못한 탓에) 기술력 부족으로 페이스북이 외통수에 몰리는 일이 생긴다면 이 매수합병은 결정적인 선점하기 경기로 재평가될 것이다.

물론 상당히 손에 땀을 쥐게 하는 화제였지만, 이런 레이스를 누가 제패하는가는 어떤 의미로 보면 단순히 스피드와 힘과 돈과 궁합, 혹은 운에 따라 결정되기 때문에 경제학적으로 그 이상을 추궁할 여지나 재미는 없다.

독자 여러분 중에 이런 레이스에 직면하는 일이 있다면 무조건 정보를 수집해서, 근력과 지력과 반사 신경을 발휘하길 바란다. 선점하기 승부에서 승리를 거머쥐려면 가능한 자금력과 정치력, 여기에 법적·도의적 정당성 등 닥치는 대로 온갖 리소스(자원)를 모아두어야 한다. 그리고 적이 같은 '시장'에서 자신의 예상대로 싸워줄 것이라 믿어서는 안 된다. '싸우지 않고 이기는 것이 상책', 즉 적의 준비와 능력을 '시장'마다 갈아엎고 무효화해버릴 만한 한층 더 큰 '시장'을 준비한 쪽이 이기는 게 당연하니까.

승자 독식 게임에 대해서는 이것이 내가 할 수 있는 유일한 분석과 조언이다. 경제학자가 이론을 끌어다대는 것을 느긋하게 기다릴 때가 아니다. 힘내! 잘해봐! 그리고 이겨! (그래도 진다면……, 그저 슬퍼하는 것 외에 뭐가 있을까. 맛있는 요리를 먹고, 적당히 술 한잔 걸치고, 뜨거운 온천욕이라도 하면서, 일단 많이 자 두고, 다음을 기약하자.)

기존 기업 VS 신규 기업

자, 그럼 이젠 조금 미묘한 뉘앙스를 느낄 수 있는 경우를 생각해보자. 신기술에 그다지 가공할 위력이 없고, 겨우 '기존의 최고 기업과 같은 수준'의 품질·생산성이라면 어떨까?

인터넷검색 엔진으로는, 2018년 현재 구글이 독주 상태이고 Bing 등의 2번 타자 이하는 무시할 만한 수준에 지나지 않는다(고 생각하는 사람이 많은 듯). 그렇다면 여기서 MIT의 천재 엔지니어군단과 같은 대학에서 객원교수로 일하고 있는 무명의 경제학자 MitSuru 씨가 개발 중인 차세대 검색엔진 '구구루'가 완성 단계에 와 있다고 치자.

만약 '구구루'가 진입에 성공할 경우, 전세계 검색수요를 구글과 이등분한다고 설정한다.

언뜻 다양한 사업으로 다각화하고 있는 듯 보이지만, 구글의 주요 수입원은 검색을 둘러싼 광고사업이다. 구글 검색창에 광고링크를 게재하기 위해 고객기업이나 개인사업자는 당연히 광고료를 내야만 한다.

검색사업이 구글의 독무대라면 가격 교섭력은 강력해져서 **독점**가격(구글 입장에서 좋은 가격조건)이 된다. 따라서 독점 상태의 구글이라면 아래 등식이 성립한다.

- 독점가격(=비싸다)×전 세계 온라인 광고수요(=많다)

가격은 비싸게 부를 수 있고(가령 1건당 100엔), 모든 고객(가령 10억 건)을 내 손에 쥐는 것이므로 상당히 짭짤한 수입이다.

만약 여기에 '구구루'가 진입하면, 세계의 검색시장을 두 회사가 반반씩 나눠 갖게 된다. 훨씬 단순화하면 앞서 서술한 경우의 딱 절반인 고객(가령 5억 건씩)이 구글과 구구루에 각각 몰린다는 것이다.

그러나 그것뿐만이 아니다. 이제는 두 회사의 검색서비스가 경합하게 되었으므로, 광고를 의뢰하는 쪽 입장에서는 선택지가 '구글에 게재하겠다'는 것뿐 아니라, '구구루에 게재하겠다'까지 넓어진 것이다.

선택지가 많아지면 교섭력도 강해진다. 왜냐하면 '당신 회사에 광고를 내려면 1건당 100엔을 내라고? 너무 비싸군. 구구루는 50엔인데. 그냥 관두죠'라는 교섭이 가능해지기 때문이다.

이 점도 단순화시켜 구구루 진입 후의 시장가격이 정말 50엔까지 내려갔다고 치자. 그렇다면 구글의 독점이 깨지고 두 회사가 경쟁하는 **복점** 상태가 된 경우, 구글의 수입은 반감도 모자라 4분의 1이 된다.

- 고객은 반으로 줄고(10억 건→5억 건), 가격도 반값으로 내려간다(100엔→50엔)

계산하면 '구구루'의 진입으로 구글이 받는 타격(손해액)은 750억이 된다.

- 독점 시절의 수입: 10억 건×100엔=1,000억 엔
- 복점 상태의 수입: 5억 건×50엔=250억 엔

이 말은 반대로, 구글 입장에서는 '구구루'의 진입을 막기 위해 750억 엔 이내의 예산을 쏟아 부을 가치가 있다는 이야기다. 독점상태를 유지할 수 있다면 그 정도 '전략적 투자'는 싼 편이다.

이 예산을 구체적으로 어떻게 사용해 '구구루'의 진입을 저지하면 좋을까? 한 가지 방법은 MIT팀의 특허를 사들이는 것이다.

다른 방법으로는 MIT팀의 핵심인재, 가령 경제학자 MitSuru 씨를 매수해버리는 것도 싸게 먹히는 전술이다. 아무리 미국에서 요즘 경

제학자의 월급이 올랐다고는 해도 연봉으로 5억 엔을 제시한다면 구글 쪽으로 데려오는 것쯤 식은 죽 먹기다. 경제학자는 돈에 움직인다는 말이 있다.

좀 치사한 방법으로는 관계 기관과 정치가에게 사전 교섭(로비활동)을 해서 '인터넷 검색시장에 진입 시 인허가 프로세스'라는 걸 대충 만들어 제도화시켜서, 그 장벽을 어마어마하게 높고 복잡하게 엮어버리는 수도 있다.

"뭐 이렇게 비겁한 방법을 추천할까?" 하고 기가 막혀 하는 분들도 계실지 모르겠지만, 이것은 국가와 시대를 불문하고, 자주 행해지는 수법이다. 소금이나 담배의 전매제도는 세금을 걷기 위한 인위적인 독점이고, 특허제도의 뿌리도 영국 국왕이 좋아하던 상인을 돕기 위한 단순 이권이었다. 사극에 등장하는 '탐관오리'와 '거상'과 같은 관계다. (반대로, 아무리 공명정대한 목적을 위해서라도 모든 인허가 제도는 어떤 식으로든 특수이해집단의 이익을 낳기 때문에 주의해야 한다.)

그렇다면 '구구루' 진영은 어떤지 살펴보자. '구구루'는 신규 기업 (연구팀)이어서, 아래와 같은 수입이 예상된다.

- 진입 이전 단계에서는 무수입(0엔)이다.
- 실제로 진입하게 된다면, 5억 엔×50엔=250억 엔의 수입이 예상된다.

따라서 단순계산만으로도 250억 엔 이내의 예산을 어딘가에서 빌려서라도 진입에 성공할 수만 있다면 무조건 흑자를 낼 수 있다는 뜻이다.

실리콘밸리나 MIT 주변의 벤처캐피탈(벤처기업에 투자하는 집단)의
문을 두드리면 그 정도 투자자금은 어떻게든 마련할 수 있을지도 모
른다.

하지만 말이다. 구글과 '구구루'는 진입(혹은 진입 저지)에 들이는 예
산에 큰 차이가 있다.

- 구글에게는 신규 진입을 저지하는 것이 750억 엔(까지)의 공작자금을 출연할
  만한 가치가 있으나,
- '구구루'는 신규 진입을 성공시키기 위해 250억 엔까지밖에 투자할 여유가 없
  다.

이것은 단순히 '대기업과 벤처기업 간의 자금력·신용의 격차'에
대한 이야기를 하는 것이 아니다. '능력'이 아니라 '의욕'의 이야기다.
('능력차별'은 다음 장의 테마이므로 조금만 기다려 주시길.)

시장구조를 둘러싼 경쟁효과는
기존 기업에 의한 '선점하기'를 부추긴다

구글과 '구구루'가 진입(저지) 공작에 들이는 의욕의 차이를 낳는
것은, 시장의 경쟁도(혹은 시장구조)를 둘러싼 근본적인 비대칭성이다.
구글 입장에서 독점(유일무이의 선두기업이라는 입장)은 엄청나게 짭짤
한 지위이므로 결코 잃고 싶지 않다.

한편 '구구루'의 입장에서는 '진입에 성공했을 때 얻을 수 있는 지위'란 겨우 복점(공동 1위라는 투톱 체제)이라는 반 토막이다. '어떻게 해서든지 손에 넣고 싶다'며 목숨을 걸 만큼 매력은 없다.

이상의 설명을 도식화하면 도표 3-1이 될 것이다.

도표 3-1 | 독점과 복점에서는 이익이 전혀 다르다

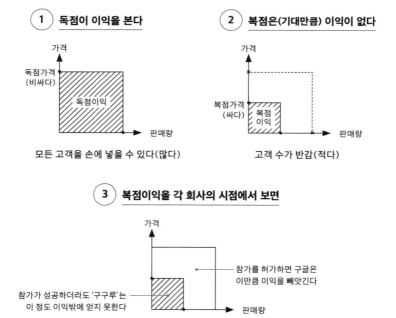

요컨대 기존 기업 구글은 라이벌의 등장으로 손해가 큰 만큼, 필사적으로 '유일무이한 선두'의 지위를 방어하려 한다. 그 필사적인 노력은 신규 기업 '구구루'(아무리 애를 써도 공동 1위 이상의 지위는 얻을 수 없다)의 미지근한 각오와는 비교가 안 된다는 말이다.

여기까지 읽고, 어라? 하고 의구심을 품은 독자는 예리하다.

앞서 자기잠식과 치환효과를 이야기할 때, 나는 '기존 기업은 잃을 것이 많아서 이노베이션에 사력을 다하지 않는다'고 말했다.

이번엔 그와는 전혀 다른 '기존 기업은 잃을 것이 많아서 사력을 다해 독점적 지위를 지키려 한다'고 말하고 있다.

이것은 어쩌면 모순된 이야기로 들릴지 모른다. 기존 기업은 사력을 다한다는 걸까, 안 한다는 걸까, 어느 쪽일까 하고 생각할 것이다.

괜찮다. 모순되지 않는다. 모자란 몇 군데를 보충해 두 가지 요점을 다시 설명하면 아래와 같다.

- 이론 ①: 치환효과 - 기존 기업은 (신기술을 도입하면) 잃는 것이 크기 때문에 이노베이션에 사력을 다하지 않는다.
- 이론 ②: 경쟁효과 - 기존 기업은 (자신이 신기술을 도입하지 않고, 타기업의 신규 진입을 허용하면) 잃는 것이 크기 때문에 사력을 다해 독점적 지위를 지키려 한다.

즉 이론 ①과 이론 ②는 모순되는 것이 아니라, 착안점이 다른 것이다. 전자가 기존 기업 내부의 신·구사업의 공방(만)을 논하고 있는 것과는 대조적으로, 후자는 라이벌과의 경쟁상황에 주목하고 있다.

기존 기업과 신규 기업이 서로 어떻게 나올지 지켜보며 대치하고 있는 **'전략적 상황'**, 즉 **게임이론적 상황**의 분석이 이론 ②의 핵심이다. 1980년대에 경제학자들은 게임이론을 본격적으로 산업과 경쟁에 대한 분석(산업조직론)에 적용하기 시작했고, 이론적 연구들은 과점 구조에서 혁신의 유인으로 '선점하기'와 '경쟁효과'를 강조했다. (Gilbert 와 Newberry (1982), Reinganum (1983) 논문 참조) 이번 장의 후반에서는 게임이론에 따른 경쟁 분석에 대해 설명하겠다.

아마도 잠시 숫자와 논리의 좀 무거운 이야기가 이어져 피곤해진 독자도 많을 것이다. 이론에 더 깊이 들어가기 전에 조금만 더 구체적인 예를 들어보자.

페이스북과 인스타그램

여러분은 페이스북을 좋아하는지? 나는 싫다. 나는 질투가 많아서 다른 사람들의 자랑 같은 건 절대로 듣고 싶지 않고, 투정과 불만과 불행한 내용을 보는 것도 달갑지 않다. 선거운동이나 사회운동 같은 '도덕적인 메시지'가 흘러나오면 강요당하는 느낌이 들고 광고도 엉뚱한 것들로 가득하기 때문이다. 마케팅연구자나 페이스북의 기계학습 엔지니어는, 도대체 뭐하고 있는 걸까.

……그럼에도 불구하고, 내 자랑은 신나서 자꾸만 올리게 되고, 80%의 확률로 불쾌할 거라는 걸 알면서도 타인의 뉴스피드를 보고 만다.

그렇다면 페이스북의 엔지니어들은 역시 일을 잘하고 있는지도 모르겠다. 트위터나 다른 SNS도 마찬가지다.

10여 년 전의 페이스북 이용자는 지금처럼 사진을 많이 올리지 않았다. 그러나 그럴 조짐은 있었다. 사진 게시물이 주요 SNS 아이템인 인스타그램의 인기가 상승하고 있었던 것이다. 둘 다 실리콘밸리의 벤처기업이긴 하지만 페이스북이 기존 기업(2004년), 인스타그램이 신규 기업(2010년)이라는 위치에 있었다. 이 신기술·신서비스를 제공하는 인스타그램은 자칫 페이스북을 위협하는 존재가 됐을지도 모른다. 여기서 '……지도 모른다'라고 한 것은 그 후 인스타그램은 독립기업이 아니게 되었기 때문이다.

기존 기업인 페이스북의 대응은 빨랐다. 2012년, 페이스북은 인스타그램을 10억 달러에 매수했다. 인스타그램에 투자했던 벤처캐피탈은 당시, 인스타그램의 기업 가치를 5억 달러로 상정하고 있었다. 그런데 갑자기 시가의 2배나 되는 금액을 지급한 것이다. 페이스북 경영자 마크 저커버그[Mark Elliot Zuckerberg]의 결단을 의심하는 눈초리와, 하이테크 버블시대가 다시 도래한 것이라는 분석이 많았다.

그러나 '선점하기와 경쟁효과'를 둘러싼 지금까지의 논지를 살펴보면, 신규 진입자를 말살하는(혹은 끌어안는) 것이 얼마나 중요한지, 저커버그가 왜 10억 달러나 지불할 생각을 했는지 수긍할 수 있을 것이다. 신규 기업에게는 그다지 매력적이지 않은 사업이라도, 그 진입으로 인해 거액의 이익을 잃을지도 모르는 기존 기업에게는 '무슨 일이 있어도' 싹부터 잘라버려야 하는 위협이기 때문이다.

페이스북의 대형 매수 사례는 이것으로 끝나지 않는다. 페이스북이 중장년층 유저들에게 침투하게 되면서 아이들은 '어른의 눈을 피할 수 있는 놀이터'를 찾게 되었다. 그것을 해결한 것이 왓츠앱[WhatsApp]이라는 메신저 앱(2009년)이다. 이제 독자 여러분도 다음 전개의 예상이 가능할 것이다.

당연히 2014년, 페이스북은 19억 달러에 왓츠앱을 매수, 산하에 두게 된다. 벤처기업 인수 금액으로는 사상 최고치를 기록한다.

이번 장에서 언급한, 구글과 페이스북에 의한 딥마인드 매수 전쟁도 역시 2014년이었다. 여기까지의 분석을 살펴보면 그 의미를 다시 한 번 깨달을 수 있지 않을까. 구글은 1998년에 창업한 20세기 출생이고, 페이스북보다 한층 스케일이 큰 '기존 기업'이다. 신기술의 등장이나 신규 기업의 대두로 인해 잃는(잃을지도 모르는) 것은 구글이 페이스북보다 크다.

매년 대량으로 벤처기업을 매수하는 것으로 유명한 기존 기업으로는 이 외에도 시스코(네트워크기기 제조)와 마이크로소프트(컴퓨터용 소프트웨어), 제너럴 일렉트릭(이하 GE, 발명가 토머스 에디슨이 창업한 전기기기 회사)을 들 수 있다. '이노베이터의 딜레마'의 해결 편으로 돌입하는 10장에서는 시스코의 수법과 관련 서적도 소개하므로 기대하시라.

단지 GE의 경우, 이젠 도대체 무슨 회사인지 알 수 없을 정도로 다양한 업종을 취급하고 있어, 하이테크 전문회사라고 할 수 없기에 이번 장에서 논하기에는 무리일지도 모른다. 다각화나 타 업종으로의 진입을 동반하는 인수합병M&A의 경우, '기존 기업' 입장에서는 인센티브를 따지기 전에, 단순히 새로운 시장으로의 '신규 진입의 한 수단'으로 매수하기 때문이다.

이처럼 한 회사가 '기존 기업'인지 '신규 기업'인지는 상황에 따라 다르다.

앞선 '이노베이션의 분류'에서도 밝혔으나, 전문용어를 남용하기 전에, 일단 당신의 '질문'이 무엇인지를 확실하게 해야 하고, 그 질문을 결코 잊어서는 안 된다. 그리고, 질문에 답하기 위해 어떤 '관점'과 이론이 유익한지를 제대로 생각해야 한다. 그리고 나서야 비로소 현실의 기업과 시장에 대해 어떤 용어와 개념을 적용하는 것이 적절한지 판단할 수 있게 된다. (단, 어느 정도 개념이나 사고방식을 모르면 어차피 좋은 질문에 도달할 수 없으므로, 균형이 중요하다.)

불완전경쟁의 게임이론

지금까지 나온 것은 독점과 복점이라는 두 타입의 시장구조, 그리고 기존 기업과 신규 기업이라는 두 타입의 플레이어다. 업계에 주요 기업의 수가 적은 경우(어림잡아 대기업 5개사라든지, 10개사 이내의 사례를 설정하면 좋다), 라이벌끼리 서로의 전략으로 인해 손해를 보거나 이익을 얻기도 한다. 이러한 상황을 '전략적 상황' 혹은 '게임이론적 상황'이라고 한다.

혹은 **'불완전경쟁'**이라고도 한다. 참고로 반대말은 **'완전경쟁'**으로, 경제학의 교과서에서 가장 먼저 등장하는 단어가 보통 이것이다. 완전경쟁 시장에서는 경쟁기업이나 자신의 전략과는 상관없이, '작고 힘없는 기업'이 무수히 북적이는, 이익 제로의 지옥 같은 세계다. 그곳에서는 참여 기업에게 가격 결정권은 전혀 없다.

그러나 대부분의 업계에는 나름대로 존재감 있는 대기업이 있고, 그들은 매일 경쟁하고 있다. 또한 중소기업이나 개인사업의 경우에도 언뜻 무수히 많은 플레이어가 경쟁하고 있는 '완전경쟁'처럼 보이지만, 특정 장소나 개별 업종 분야로 한정하면 진짜 경쟁 관계에 있는 상대는 그리 많지 않다.

가령, 앞서 언급한 세타가야 구의 기타미 슈퍼마켓과, 이웃 마을의 세이조가쿠인에 있는 슈퍼마켓은 실질적으로는 크게 경쟁하고 있지 않았다.

요컨대 세상의 대부분의 '경쟁'은 '불완전경쟁'이어서, 사실은 게임이론을 쓰지 않으면 제대로 분석할 수 없다. 입문 수준의 경제학에서는 거기까지 가르쳐주지 않고, 배웠다고 해도 바로 잊어버린다. 단단히 각오를 하고 비즈니스스쿨에 다녀도 입문 수준의 경제학보다 더 전문적으로 파고드는(불완전경쟁과 같은) 내용을 배우는 곳은 적다. 따라서 MBA(경영학석사) 학위 취득자라 할지라도 현실의 경쟁에 대한 이론적 감성이나 이해도는 안타깝게도 경제학부에 다니는 2학년 학생과 오십보백보라 할 수 있다. ……그래서 항간에는 '경제학 이론은 현실적이 아니다'라는 속설이 나돌고 있는 실정이다.

하지만, 이것은 안타까운 오해다. 훌륭한 현실감각을 가진 이론가나, 혹은 이론에 거부감이 없는 실증가라면 '공상'과 '현실'의 밀접한 관계를 끄집어낼 수 있기 때문이다.

다행히 이번 장을 읽은 분들은 '불완전경쟁' 이론을 모르는 (세상의 99.99%) 사람들보다 훌륭한 세계관을 갖게 될 것이다. 그로 인해 반드시 행복한 인생을 손에 넣을지는 보장할 수 없으나 배워둬서 손해볼 일은 없다.

이 책은 게임이론의 교과서가 아니기 때문에 대략적인 설명을 담고 있으나, 대표적인 불완전경쟁 모형의 에센스를 알아두자.

파리의 수학자 : '라이벌은 적을수록 좋다'

불완전경쟁, 즉 현실의 시장에서는 **라이벌이 적으면 적을수록 좋다.** 여러 가지 예외는 있겠으나 우선은 이 '당연한 일반론'을 뼛속까지 새겨두자.

라이벌이 많으면 이익이 줄어든다.

도표 3-2는 **이익과 경쟁도의 관계**에 대해 전형적인 두 가지 패턴을 나타내고 있다.

패턴 A는 극단적인 경우로 기업수(가로축)가 2 이상 되면 이익(세로

도표 3-2 | 경쟁기업은 적을수록 좋다

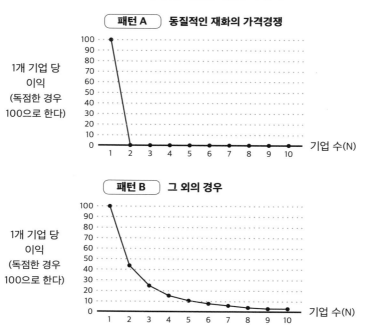

축)이 제로가 되는 안타까운 세계이다. 이것은 지난 장에 나온 용어로 말하면 '동질적인 재화' 시장에서 '가격 경쟁'이 일어나고 있는 패턴이다.

시멘트를 사례로 들어보자. 건설공사(아파트나 터널 같은)에는 시멘트가 필요하다. 각국의 정부는 경제 동향을 조사하기 위해 매년 다양한 산업의 통계를 만들고 있다. 산업의 분류에도 대략적인 것(농림어업이나 제조업 등)에서 상세한 것(반도체 제조용 노광장치라든지 태국 마사지 같은)까지, 다양한 종류를 두루 다루고 있다. 그러나 시멘트에 관해서는 아무리 상세하게 분류한 통계를 찾으려 해도, 대부분 '시멘트'라는 한 종류밖에 존재하지 않는다.

그 정도로 제품차별화의 여지가 적은, '동질적인 재화 중의 동질적인 재화'인 것이다.

시멘트는 솔직히 그다지 흥미로운 품목은 아니지만, 그래서 더욱 동질적인 재화의 사례로는 안성맞춤이다. 잠시 이 회색가루에 대한 이야기를 이어가보자.

시멘트회사의 고객은 생콘크리트 제조업자나 건설업자다. 그들은 시멘트를 구입해, 물과 모래를 섞어 생콘크리트를 만든 다음, 강철로 된 막대를 넣어 철근콘크리트를 만든다. 양질의 철근콘크리트를 만드는 것은 나름의 숙련이 필요하지만, 그것과는 별개로 일단 건설회사는 공사의 원자재비를 절감하고 싶을 것이다.

같은 곳에서 같은 품질의 시멘트를 팔고 있는 시멘트업자 2개 회사가 있다면(A사와 B사로 하자), 토건회사(C토건이라고 하자)의 자재부 직원 입장에서는 두 회사에서 견적서를 받고 싶다. 만약 A사가 조금 비싸다면(예를 들어 1톤에 1,000엔), "B사는 1톤에 800엔으로 해준다던데, 장사할 마음이 있는 거요? 없는 거요? 성의를 보이세요, 성의를!" 하고 협박해서 700엔으로 깎고, 그 견적서를 가지고 B사에 가서 또다시 깎아달라고 요구할 것이다. 인정사정 볼 것 없는 가격 경쟁은 이윽고 "이보다 싸게 드리면 정말 적자예요"라는 지경까지 돌입한다. 그리고 여기서 C토건 자재부 직원의 업무는 일단락된다.

'그런 짓을 하는 건 블랙기업뿐이오' 하고 생각하는 당신은 순진한 사람이랄까, 아직 멀었다. 누구라도 이왕 사는 거 싸게 사는 게 좋다. 같은 물건을 파는 플레이어가 2개 회사 이상일 경우 (원리적으로는) 그곳에서의 가격 경쟁은 이익이 제로가 될 때까지 이어질 가능성이 있다. 이 이론을 제안한 사람은 19세기 파리의 수학자 조세프 베르뜨랑Joseph Bertrand이다. 그래서 '가격에 따른 불완전경쟁'을 **'베르뜨랑 경쟁'**이라고도 한다. 이 논리적 귀결(가격과 판매량의 최종 안착지점)을 '베르뜨랑 균형'이라고 부르기도 한다.

참고로 '균형'이라는 것은 모두가 각자 자신이 유리한 대로 행동한 결과, 다양한 일들이 어디에 안착할까 하는 '경쟁의 귀착점'을 말한다.

파는 쪽과 사는 쪽이 무수히 많은 '완전경쟁'의 경우와는 달리, 플레이어가 정해진 '불완전경쟁'에 대한 논리를 해명하기 위해서는 20세기 미국의 수학자 존 내쉬John Nash에 의한 게임이론의 등장을 기다려야만 했다.

프랑스의 시골 수학자 : '라이벌은 역시 적을수록 좋다'

이상의 경우는 조금 극단적이다(이익 제로). 좀 더 범용성 있는 도표 3-2의 패턴 B의 이야기로 넘어가보자. '라이벌이 증가하면 이익이 감소한다'는 기본 패턴은 같지만 그 속도는 좀 완만하다. 앞서 말한,

① 동질적인 재화의 가격 경쟁

이 외의 경우는 대체적으로 이런 형태이다. 구체적으로는 다음 세 가지 경우이다.

② 동질적인 재화의 수량 경쟁
③ 차별화된 재화의 가격 경쟁
④ 차별화된 재화의 수량 경쟁

'수량 경쟁'이라는 것은, 가령 공장 설비의 물리적인 생산 능력이라든지, 혹은 매달 생산 계획·자재 조달·인원 확보·근무 스케줄, 그리고 판매 인원과 할당량 등등 아무튼 '일정한 생산량·매출 목표'가 정해진 경쟁이다.

최종적으로는 자사의 영업사원 VS 타사의 영업사원 간에 베르뜨랑 급의 가격인하 경쟁이 발생하기도 하지만, 미리 '어느 정도의 수량 제한·수량 목표'가 부과되어 있다는 점에서는 더욱 현실적이라 할 수 있다.

이 도식은 19세기 프랑스의 부르고뉴에 인접한 시골에서 태어난 수학자 앙투안 꾸르노^{Antoine Augustin Cournot}가 생각해 낸 것으로 **'꾸르노**

경쟁', 그리고 그 경쟁 결과 안착하는 가격과 판매량을 '꾸르노 균형' 이라고 부른다. (그 수학적 정밀도는 베르뜨랑 경쟁과 마찬가지로, 게임이론 의 등장을 기다려야 한다.)

꾸르노 경쟁의 경우는 설령 동질적인 재화라 하더라도, 또한 두 번째, 세 번째 라이벌이 나타나도, 베르뜨랑 경쟁처럼 이익이 완전히 제로가 되지는 않는다.

사례 ①-동질적인 재화의 가격 경쟁과 사례 ②-동질적인 재화 의 수량 경쟁을 비교해보자. 어째서 가격 경쟁보다 수량 경쟁이 완만 한 경쟁으로 끝나는가?

그 이유는 베르뜨랑의 게임설정에는 '손님이 원하면 재빨리, 심지 어 얼마든지 무한대로 상품을 생산·판매할 수 있다'는 궁극의 자유 가 허락되기 때문이다. 브레이크가 고장 난 자전거로 내리막길을 내 려가는 것은 무서운 일이다. 하지만, 그것과 마찬가지로 시간과 공간 의 제한이 없는 베르뜨랑의 세계관에서는 단 2개 회사가 경쟁을 하고 있어도, 가격인하 레이스는 브레이크가 듣지 않는다.

반대로 꾸르노의 게임설정에는 '일정 기간에 생산·판매할 수 있 는 수량에는 한계가 있다'고 하는 현실적인 제약(혹은 '시간'의 감각)이 들어 있다. 따라서 아무리 판매 직원끼리 저가 경쟁을 펼친다 해도 '이 이상은 팔수 없다. 어느 정도 가격을 유지해서 이익을 확보하자'고 하는 브레이크가 마지막 순간에 작용하는 것이다.

그렇다면 사례 ③과 사례 ④의 '차별화된 재화'는 어떨까. 가격 경 쟁이든 수량 경쟁이든 각사의 판매 물품이 각각 다른 경우, 경쟁은 느 슨해진다. 앞 장에서 배운 대로 상품 간의 '대체성' 혹은 '자기잠식 정도'가 낮아지기 때문이다. 동종업계에 라이벌이 아무리 많아도 자사와 직접 경합하지 않는 상품을 팔고 있다면 그들의 존재를 신경 쓸 필요는 없다.

재화의 같고 다름과 경쟁타입에 따른 네 가지 사례에 대해 이상의 이야기를 정리하자면 도표 3-3과 같다.

도표 3-3 │ 불완전경쟁과 이익의 관계(네 가지 사례)

경쟁타입 재화의 특성	가격 경쟁 (베르뜨랑)	수량 경쟁 (꾸르노)
동질적인 재화	사례 1 패턴 A	사례 2 패턴 B
차별화된 재화	사례 3 패턴 B	사례 4 패턴 B

반복하지만, 요컨대 '라이벌은 적을수록 좋다'는 말이다. 누구나 아는 일반론이지만 이 원칙을 잊으면 아주 자주 이상한 결론을 내리고 만다. 정말 중요하니까 제발 잊지 말기 바란다.

참고로 19세기 프랑스에서 확립된 이 원칙을 경영학으로 번역한 것이 마이클 포터[Michael Porter]에 의한 《경쟁의 전략》(1980)이다. 현대의 경영학에서 보면 조금 구식이지만 비즈니스 스쿨에 가면 반드시 배우는 내용이므로, 읽어본 적 없는 사람은 대강 훑어보기라도 해두자. 이 이야기는 7장에서 조금 상세하게 설명하겠다.

제4장

Heterogeneous Capabilities

능력 격차

운동경기에서 선수 간에 우열이 있듯이 회사의 이노베이션 능력에도 우열이 있다. 조금 막연한 표현이지만, 이번 장에서는 그런 능력 격차 이야기를 할까 한다.

물론 무엇으로 '우열'을 정의하는지, 애초에 '능력'이란 무엇을 말하는지, 이대로는 애매모호해서 반론의 여지도 많다. 이번 장에서 이야기하는 것은 기업의 연구개발능력, 혹은 그 성과를 생산·판매까지 잇는, 공정 혁신(생산비용의 저감)이나 제품 혁신(신상품의 도입이나 품질의 개선)을 실현하는 능력이다.

'파괴적 이노베이션'은 분류라기보다는 에피소드

경영학자 크리스텐슨 교수가 《이노베이터의 딜레마》에서 강조한 것은 기존 기업에서는 기존의 주요 고객의 요구가 최우선된다는 점이었다. 그것이 반드시 나쁘지만은 않다. 아니 오히려 바람직하다. 최대의 '돈줄'을 가장 중요하게 여기는 것은 당연하다. 어떤 의미에서는 '최적'의 경영 판단이다.

문제가 있다면 그것은 다음과 같은 경우일 것이다. 1장에서 한 이야기를 순서대로 나열해보면,

① 주요 고객이 기존의 제품·서비스만 주문하고 있다.

② 그 때문에 기존 기업의 사내에서는 차세대 기술 개발을 경시한다.

③ 그러던 중 세상의 동향이 변하고, 차세대 기술의 실용성이 높아진다.

④ 이윽고 주요 고객도 신제품을 요구하게 된다.

⑤ 그러나 기존 기업에는 새로운 수요에 부응할 만한 기술이나 제품이 없다.

⑥ 결과적으로 경쟁기업이나 신흥세력에게 시장을 통째로 넘겨줘야 한다.

이러한 일련의 흐름을 가리켜 크리스텐슨은 '파괴적disruptive 이노베이션'이라고 불렀다.

실제로 역사상 흔히 있어 온 패턴이고, '파괴적'이라는 단어가 자극적이어서 왠지 근사하게 들릴 뿐이다. 이 책이 간행된 지 20년 이상이 지났지만 아직도 팔리는 이유이다.

그러나 애매모호한 말이어서 이 책에서는 일부러 쓰지 않으려 한다. 이노베이션의 정도를 분류한다면, 2장에서 소개한 '점진적'Incremental과 '급진적'radical이라는 형용사로 충분하고, 이노베이션의

경제적 성격을 분류하려면 '공정'(프로세스)과 '제품'(프로덕트)만 구별하면 된다.

심지어 크리스텐슨 자신도 그다지 진지하게 정의한 것도 아니었다. 그 때문에 '파괴적 이노베이션'이라는 말을 쓰면 반론을 수습할 수 없게 된다. 구체적으로 그것이 무엇을 가리키는지는 사람마다 달라서, 모두 머리가 혼란스러워질 것이다. (안타깝게도 경제학자가 진지하게 쓸 만한 명석한 개념도 아니다.)

따라서 '파괴적 이노베이션'은 기술혁신의 유형이라기보다는, 오히려 위에서 제시한 ①~⑥과 같은 일련의 스토리를 일컫는다. 막연한 현상에 대한 이름이라고 생각해야 한다. 그쪽이 정리하기가 편할 것이다. 이렇게 머릿속에서 정리하고 나면 마구 써도 상관없다.

'주요 고객의 당장의 요구에 귀를 기울이다가, 기술의 파도를 타지 못했다'고 하는 경영 판단은 '단기적으로는 OK'라도 길게 내다봤을 때는 부적절한 경영 판단이었다는 말이다. ①의 관점에서는 (정적인 자원배분이라는 의미에서) 최적으로 보이는 방침이지만, ⑥의 관점까지 시계바늘을 돌리면 (기술과 산업에 대한 동적인 대응이라는 의미로는) 최적이 아니다. 제대로 앞을 내다본 자원배분이 아니었다는 이야기가 된다.

'정학과 동학', 혹은 '근시안 VS 선견지명'

'정'靜과 '동'動의 구별은 본질적인 것이므로 설명을 덧붙일까 한다. 조금 딱딱하게 들릴지 모르겠지만 경제학용어인 **'정학'**statics과 **'동**

학'dynamics이라는 두 단어를 기억해두길 바란다.

정학靜學이라는 것은 어느 한 '관점'에서 사물을 마치 사진의 스냅 숏처럼 잘라낸 이미지다. 초기 '관점'에서 주요 고객은 기존 제품만을 요구한다. 제조사 측도 기존 제품에만 주력하면 된다. 이런 착안점을 일단은 **'근시안적'**myopic이라고 불러도 좋다. 엄밀하게는 조금 뉘앙스가 다르지만 그 점은 나중에 설명하기로 하겠다.

반대로 동학動學이라는 것은 앞날의 상황 변화까지 내다보고 그때 그때 대응해 가는 것이다. 스냅숏과는 대조적으로 미리 결말까지 상정하는 것으로, 영화나 비디오와 같은 이미지다. '근시안적'의 반대말로 **'선견적'**forward-looking이라는 단어를 쓰기도 한다.

가령 노후를 위해 저금을 한다든지, 장래성을 보고 (따분하지만) 성실해보이는 사람과 맞선을 본다든지, '도래할 인공 지능 혁명'에 대비해 프로그래밍 공부를 시작한다든지 등.

물론 미래를 예상하고 행동하는 것과 그 예상이 정말 맞는지는 별개의 문제다. 저금을 하고 있던 은행이 망할 수도 있다. '성실해보이는' 사람이 정말 좋은 사람인지는 알 수 없는 일이고, 장래에 성공하리라는 보장도 없다. 그리고 '인공 지능 혁명'으로 가장 먼저 없어지는 직종이 프로그래머일 수도 있다.

단지, 실제로 맞을지 아닐지는 차치하고, '앞으로 어떻게 전개될지 예상'해 두는 것과 '앞을 내다보고 이익이 될 만한 일을 지금부터 시작'해두는 것에 대한 중요성을 강조하고 싶다.

또한 이미 경제학에 익숙한 독자는 정학적 분석이 반드시 근시안적이라고는 할 수 없다는 것도 알아두면 좋다(이것은 꽤 깊게 들어가는 부분이라 초급자나 빨리 다른 것을 알고 싶은 사람은 건너뛰어도 무방하다). 현재나 미래에 상황이 크게 변하지 않는 경우에는 그때그때의 (정학적으로) 최적의 결단이, 시간의 흐름을 전체적으로 봤을 때 (동학적으로도) 역시 최적이었다는 경우도 있을 수 있다. 즉 엄밀히 말하면 정학적인 분석이라는 것은 단순히 한 '관점'만을 잘라낸 스냅숏뿐 아니라, 같은 정경이 계속 이어지는 (조금 따분한) 비디오, 즉 '정상 상태'^{steady state} 를 이해하는 것과도 상통한다.

기존 기업의 약점

……이러한 이유로 주요고객이 원하는 대로 기존 사업에 주력하는 것은 '정학적으로 최적'의 예산 분배이긴 하지만, 신사업이 미숙한 상태로는 언젠가 회사 전체가 파산의 위기를 맞을 거라는(맞을지도 모르는) 견지에서는 '근시안적'인 판단이다.

시류를 따라가지 못하고 망하는 기업은 많다. 그런 사례를 들어서 경영자의 선견지명에 대해 왈가왈부하며, '만약 그때 이렇게 했다면, 저렇게 했다면' 하고 '만약에'를 말하는 사람 또한 많다. 그러나 현실의 조직에서 실제로 경영 판단을 하는 경우, '알고는 있지만 어쩔 수 없다'고 하는 안타까운 상황이 의외로 흔하다.

어째서일까?

대표적인 이유를 3개만 검토해보자.

첫 번째로, 사람이나 조직에는 타성이라는 것이 있다. 일단 결정된 예산 분배나 인원 배치, 조직 내 세력이라는 것은 이듬해가 되어 약간의 외부 환경이 변한다고 해서 갑자기 확 변할 수는 없다. 하물며 기존 사업으로 성공한 덕분에 기존 기업이 크게 성장했기 때문에 아직 실적도 없는 신사업부 따위가 그것을 넘는 발언력이나 정치력을 가진 다는 건 있을 수 없다.

가령 컴퓨터 OS(운영체제)인 윈도우와 문서·표계산·슬라이드 작성 소프트인 '오피스'로 부를 쌓은 마이크로소프트. 아무리 시대가 변해도 이 회사 안에서 '윈도우 사업부나 오피스 사업부보다 강력한 세력'은 나타나기 힘들지 않을까.

'앞으로는 모바일이다'

'앞으로는 SNS다'

'앞으로는 빅데이터다'

'앞으로는 인공 지능이다'

마치 패션 업계처럼 매년 '다음은 이거야!'라고 하는 트렌드가 정신없이 날아다닌다. 산 정상의 날씨처럼 언제 변할지 모르는 IT 업계 이다 보니 안정된 매출을 올리고 있는 기존 사업은 오히려 존재감을 더하지 않을까.

둘째, 경영진들의 주관이나 정보망, 그리고 그들의 개인적인 관심사도 기존 사업의 성공 체험에 끌려 다니기 십상일 것이다. 애초에 사내(내부) 출신의 사장이나 임원이란 지금껏 주력 분야에서 성과를 올려온 인물이기 때문에 현재의 지위에 오를 수 있게 된 것이다. 따라서 본인들의 세계관은 물론이고 회사 안팎의 대인 관계 역시 기존 기술이나 상품이 중심이 될 수밖에 없다.

이 사람들 밑에서 일하는 부하 중에 어쩌면 신기술에 주목하고 있는 인재가 있을지도 모른다. 그러나 그의 위치에서 일부러 상사의 반감을 사는 보고나 발언은 하기 어렵다. 악의가 있어서가 아니다. 무능한 것도 아니다. 하지만 사람이라면 누구나 '내일의 회사'보다 '오늘의 나'가 소중하고, '오늘의 부하'가 하는 말보다 '어제의 자신'의 성공체험을 중요시하지 않을까.

2010년에 파산신청을 낸 미국의 비디오 대여 체인점인 블록버스터의 패인은 '영상물의 온라인 스트리밍'이라는 신조류를 타지 못했기 때문이라고 한다. 그 분석은 대부분 맞다. 연이어 폐점하는 비디오 대여점을 곁눈질하며, 벤처기업인 넷플릭스는 온라인 스트리밍으로 실적을 늘려 왔다.

블록버스터가 결코 온라인 스트리밍을 몰라서 망한 것이 아니다. 후발주자인 넷플릭스가 온라인 스트리밍 서비스를 개시하기 전인 2006년이라는 이른 '시점'에 실은 블록버스터가 온라인 스트리밍 사업을 발족시키는 데에 성공했다. 온라인 스트리밍 서비스의 고객도 착실하게 늘어났다. 당시 사장이 주주들에게 한 말 가운데 "온라인 사업이야말로 우리 회사의 미래다. 앞으로 더욱 확장해나갈 계획"이라며 강력하고 진취적인 발언을 했다. 그럼에도 불과 4년 후 파산신청을 했다.

이 결과를 보면 신사업에 어디까지 힘을 쏟았을까 의문이다. 그리고 만약 사장에게 올바른 판단능력이 있었다 해도 지금껏 자신들이 키워온 기존의 점포사업을 한꺼번에 없애기는 힘들었을 것이다. 동료나 부하, 선배들을 어느 날 전원 해고해야 한다니 사람이 할 짓이 아니었을 것이다. 몇 년 후면 은퇴해서 편안한 노후를 보낼 수 있는데 애써 힘든 결단을 하지 않고, 문제를 조금만 뒤로 미룰 수는 없을까? 나이 많은 경영자, 혹은 인정 많은 '좋은 사람'을 사장으로 두면 그런 '온당한' 방침이 내려질 것이다.

셋째, 큰 조직이란 그만큼 정보의 전달 효율이 떨어진다. 조직의 말단인 생산·영업 현장에는 생생한 정보가 있을지도 모른다. 그러나 그것들이 모두 경영자에게 전달될 리가 없다. 현장과 경영자 사이의 중간관리직이나 사업부의 경계가 겹치는 한, 정도의 차이는 있어도 '말 전달하기 게임'과 같은 노이즈나 비효율이 발생하고 만다. 그러나 그렇다고는 해도 사장 스스로가 전 사원으로부터 직접 메일을 받아 모두 읽는다면 그것만으로도 과로사하고 말 것이다. 계층적이고 관료적인 구조라는 것은 어느 정도 성장한 조직에서는 피할 수 없는 필요악이다.

인텔의 사례

이러한 '대기업병'의 사례는 너무 많아서 오히려 재미있는 반대 사례를 들기로 한다. 컴퓨터의 두뇌에 해당하는 반도체칩, 즉 CPU(중앙처리 장치)를 생산하는 대기업인 인텔은 1968년 창업 이래, 1980년대까지는 CPU가 아니라 메모리(정보기억)용 반도체칩을 주력사업으로 발전해 왔다. 그러나 일본의 전자기기 제조사가 메모리 시장에 대거 진입하자 이 기존 사업은 순식간에 이익을 내지 못하고 돈 먹는 벌레로 전락해버렸다. 한편 CPU 쪽은 아직 이익률이 높아, 생산·판매 현장이 조금씩 이들을 주축으로 정비되었다.

1985년 어느 날, 경영진인 앤드류 그로브^{Andrew Stephen Grove}와 고든 무어^{Gordon E. Moore} 사이에 이런 대화가 오간다. 착잡한 마음으로 사무실 창 너머 유원지를 바라보던 그로브가 묻는다.

"만약 이사회에서 우리를 해고하고 새로운 CEO(최고경영책임자)를 뽑는다면 그는 과연 어떤 전략을 내세울까?"

무어는 주저 않고 대답했다.

"메모리 사업에서 손을 떼는 거지."

그로브는 멍하게 무어의 얼굴을 바라보다가 말했다.

"그럼 이렇게 하지. 자네와 내가 이 사무실에서 나갔다가 다시 들어온 다음, 메모리 사업에서 손을 떼기로 하는 거야."

참고로 여기서 등장하는 무어는 '반도체 디바이스의 회로밀도는 18~24개월에 2배로 개선된다'고 하는 경험적 '무어의 법칙'으로 잘 알려진 전설적인 인물이다.

이리하여 '메모리의 인텔'은 죽고 'CPU의 인텔'로 다시 태어난 것이다.

단, 이 예외의 경우에서 우리가 배워야 할 점은, 오히려 '실제로는 이렇게 하기 힘들다'는 안타까운 교훈일 것이다. 인텔이 성공한 것은 '신사업 쪽이 이익이 높다'고 하는 보기 드문 상황과, '이익률을 자동적으로 반영해 조업하는' 훌륭한 말단 조직, 나아가 '방을 나갔다 들어오는 것만으로도 기업을 쇄신할 수 있을' 정도의 결단력이 빠른 경영자라는 3박자가 고루 갖춰져 있었기 때문이다.

기존의 주력 사업을 무너뜨리는 방침은 일반 조직에서는 금기시된다. 아날로그 사진용 필름을 만들고 있던 코닥은 1970년대라는 이른 시기에 이미 디지털카메라의 개발에 성공했다. 그러나 필름 사업은 이익률이 무척 높은데 비해 디지털 사업에는 필름처럼 잘 팔리는 상품이 없었다. 게다가 만약 디지털카메라가 보급된다면 아날로그용 필름이라는 주력사업은 끝나버릴 것이다. 이러한 이유로 디지털 기술은 창고로 들어가게 되었다.

……그 후 30년이 흐른 뒤, 드디어 도래한 디지털화의 파도에 휩쓸린 코닥은, 2012년 1월에 파산신청을 했다.

때마침 내가 미국 대학에 일자리를 얻으려 여러 학교에서 채용면접을 보던 시절에 일어난 일이었다. '딜레마' 연구를 자기 PR용 박사논문으로 프레젠테이션을 하고 있던 무렵이었다. 면접 당일 조간신문에 이러한 기사가 1면을 가득 채우자 내 연구에 대한 학교 측 관심도 덩달아 높아졌다. 코닥의 직원과 그 가족에겐 안 된 일이지만, 멋진 타이밍의 파산신청이었다. 내가 이 책을 쓸 수 있는 것은 어쩌면 그들이 일자리를 잃은 덕분인지도 모른다.

하드디스크 드라이브^{HDD}의 사례

같은 사례로는 크리스텐슨이 그의 박사논문으로 연구한 하드디스크 드라이브^{HDD}를 들 수 있다. 1990년대 전반까지 데스크톱 컴퓨터용 HDD는 직경 5.25인치로, 현재의 규격(3.5인치)보다 컸다. 그러나 컴퓨터 본체의 소형화·절전화가 진행되면서 서서히 소형 신제품이 인기를 끌기 시작한다.

구세대의 최고 제조사였던 시게이트는 3.5인치 제품의 개발·제조·판매에 적극적이지 않았다. 시게이트의 창업자 중 한 사람인 피니스 코너Finis Conner는 당시엔 아직 젊었고 "앞으로는 3.5인치 시대다!"라고 주장했지만 연장자인 앨런 슈가트Alan Field Shugart를 비롯한 경영진은 기존상품과의 '자기잠식'을 염려해, 코너의 신상품 기획에 브레이크를 걸었다.

이를 계기로 코너는 독립한 뒤, 코너 페리퍼널을 창립하고 3.5인치 HDD로 세력을 쌓아간다. 기네스북에 오를 정도로 급성장을 기록했으나, 자금난에 빠진 코너 페리퍼널은 모체인 시게이트에 흡수·합병되어 사라지고 만다.

그렇다고는 해도, 21세기 시게이트의 초석이 된 것은 코너 페리퍼널의 3.5인치 HDD이므로, 본질적으로는 '기존 기업 시게이트라기보다 오히려 신규 기업 코너 페리퍼널이 살아남았다'고 말하지 못할 이유도 없다. (그렇다고 이 에피소드를 크리스텐슨의 연구에 대한 '반례'처럼 여기는 것은 섣부른 생각이다)

참고로 필자가 코너를 직접 취재한 것은 2015년 봄이었는데, 그는 72세의 나이에도 8번째 창업을 위해 정력적으로 일하고 있었다.

"실패는 끝이 아니다. 그것으로 뭔가를 배우고 그저 다음을 향해 나아가는 것일 뿐이다."

이런 슬로건은 좀 식상하지만 코너 같은 경력을 가진 사람이 말하면 무게감이 대단하다. 그해에 개인적으로 이런 저런 불행한 일이 연거푸 일어났지만 용기를 얻었던 것을 기억하고 있다.

1년 내내 봄 같은 캘리포니아주 남부의 별장으로 방문했을 때, 근처 멕시코 식당에서 밥도 사주시고, 자신의 차로 공항까지 데리러 왔고 또 데려다 줄 정도로 무척 행동력 있는 인물이었다. 원래 엔지니어가 아니라 세일즈맨에서 출발한 코너에게 가장 기쁜 일은 영업거래처에서 기술적인 문제에 대해 이런 저런 상담을 하러 찾아왔을 때,

"그거라면 우리 기술로도 가능하지!"

"네? 정말입니까?"

라며 조언하는 순간이라고 한다.

나는 그가 이룩한 일(시게이트나 코너 페리퍼널의 창업과 경영) 덕분에 내 일(그것에 대한 경제학 연구)이 있다는 사실에 감사를 전했다. 그리고 멕시코 식당에서 함께 찍은 기념사진을 페이스북에 올려 자랑했다.

기존 기업의 강점

하도 욕만 해서 좀 멋쩍긴 해도, 실적 있는 대기업이라는 지위는 기본적으로는 강점이다. 거기에는

- 자금력이 있고,
- 인재가 있고,
- 기술이 있고,

- 신용이 있고,
- 자존심이 있다.

물론 오래되고 덩치만 크지 이러한 자원이 하나도 남아 있지 않은 불쌍한 기존 기업도 세상에는 많을 것이다. 그러나 그런 회사는 어떤 의미에서는 '이미 죽어 있기' 때문에, 하나하나 따지지 않기로 한다.

이 책의 테마는 '기존 기업 VS 신규 기업'이다. 창업한 지 얼마 되지 않은 신규 기업과 비교할 때 기존 기업에는 자원이 있다는 것 등이다.

우선 자금력.

신기술 개발이나 도입에는 자금이 필요하다. 기존 사업이 돈벌이가 된다면, 그 자금으로 연구개발 투자나 생산설비에 투자할 수 있다. 이런 과거의 자금을 지칭하는 전문 회계용어는 '유보이익'이나 '잉여 현금흐름'(의 축적에 의한 현금·예금) 등 다양하지만, 본질은 같으므로 세세한 것은 그냥 넘어가기로 한다.

만약 금융(자금 조달) 시장이 완벽하다면, 유망한 투자 안건에는 그에 맞는 자금이 마땅히 제공될 테니 회사에서 모아놓은 과거의 자금에 묶여 있을 필요가 없다. 그러나 현실은 무척 불완전해서, 마찰과 오해와 분쟁과 불확실성이 넘쳐흘러 결국 기댈 수 있는 건 당장 손에 쥔 돈과 재능뿐인 경우도 많다.

다음으로 기술.

기업연구소와 같은 형태로 연구개발체제가 정비되어 있거나 법무 부문에서 지적 재산권(특허, 저작권, 등록 상표 등)의 관리·방어에 관한 지원을 받을 수 있는 것도 든든한 일이다. 그리고 무엇보다 훌륭한 연구를 존중하는 풍토 같은 것은 돈만 있다고 해서 하루아침에 만들어지는 것이 아니다. 이른바 무형 문화재와 같기 때문이다.

2003년에 설립된 HGST(히타치 글로벌스토리지 테크놀로지스)라는 회사는 히타치제작소가 IBM의 HDD 부문을 매수하고, 자사의 HDD 부문과 합병한 융합체다. 매수 시 중시되었던 것은 바로 그런 연구개발을 둘러싼 지적 재산권과 '무형 문화재'였다. IBM에는 1956년 HDD를 발명한 이래 쌓아온 막대한 기술적 축적이 있었고, HDD뿐 아니라 최근까지는 세계 제일의 특허 건수를 자랑하고 있었다. (그것들이 반드시 사업 수익성으로 바로 이어지지 않은 것은 별개의 문제다. 이 책에서는 언급하지 않을 생각이나, 이에 대해 생산 현장에서 전하는 경영학으로서, 후지모토 타카히로^{藤本隆宏}의《능력구축경쟁: 일본의 자동차산업은 왜 강한가》(츄오코론샤, 2003년)라는 책도 있다.)

2012년이 되자 이번에는 업계 선두인 웨스턴 디지털사가 HGST를 매수해, 전에는 10여 개에 이르던 세계 HDD 제조사는 3개사로 수렴되었다. 이 업계에 있어서 M&A의 의의는 '라이벌을 말살해서 독점력을 높인다'는 적나라한 경쟁전략이지만, IBM 시대부터는 무형자산도 매력의 하나였다.

나는 2015년 초에 HGST의 연구개발매니저 커리 먼스를 취재했다. IBM 출신인 그의 사무실은(1950년대부터 줄곧 실리콘밸리의 산호세 외

곽에 있다) 구 IBM사업소 안에 있었다. 매수되든 흡수되든 '중심인물'
들은 같은 건물에서 같은 일을 하고 있다. 단순히 회사명과 로고마크
가 바뀔 뿐이다.

이처럼 기술과 인재는 떼어놓을 수 없는 관계이다. 따라서 '기술
을 산다'는 것은 '사람을 산다'는 것이 된다. 인재를 모으는 데는 시간
이 걸린다.

마찬가지로 거래관계의 축적에도 시간이 걸리고, 신용을 높이는
것도 그렇다(여기서 말하는 '신용'은 일반적인 의미 외에도 외상·융자심사·신
용카드와 같은 대차 관계에 얽힌 특수한 의미도 포함한다). 또한 일반 소비
자·고객 기업에 있어서 '지명도나 평판'이라는 면에서는 '브랜드 파워'
라고 해도 좋다.

요컨대 돈이든, 기술이든, 사람이든, 평판이든, '모으는데 시간이
걸리는 자원'은 신규 기업보다 기존 기업이 훨씬 많이 가지고 있다.

모으는데 시간이 걸리는 자원을 '자본'이라고 부른다

참고로 '모으는데 시간이 걸리는 자원'을 경제학 용어로는 모두
'자본'capital (혹은 capital stock)이라고 부른다. 스톡stock 이란 '잔고' 정도
의 의미를 갖는다. 그래서 가령 '자본주의란 돈이 전부인 세상'이라는
일반적인 이해는 많은 것을 간과하고 있다.

1990년대 거시경제학에서는 '경제 성장의 원동력이란 무엇인가?'
라고 하는 테마의 실증연구가 유행했다. 다양한 원동력을 '○○자원'

으로 부르며 측정해, 그 효과를 분석하려 했던 것이다.

- 노동자의 교육 수준이 중요하면 '인적 자본'human capital이라는 용어가,
- 기술의 축적과 도입이 중요하면 '지식 자본'knowledge capital이라는 용어가,
- 장기적이고 호혜적인 거래 관행이라면 '관계 자본'relationship capital이라는 용어가,
- 신용·평판·브랜드 파워는 '브랜드 자본'brand capital이라는 용어가

……각기 쓰이게 되었다.

'이것도 중요하고, 저것도 중요하다'는 의견은 단조롭고 끝이 없으며, 실증 방법도 엄밀함이 결여된 '단순한 회귀 분석'(5장에서 설명하겠음)이었기 때문에, 이윽고 경제학자들은 이런 연구에 넌더리가 나서 비웃게 되었다. 여하튼 뭐든 갖다 붙이면 '자본'으로 해석이 가능하다는 걸 알았을 것이다.

그래서 '자본주의는 돈이 전부인 세상'이라든지, '경제학자는 돈밖에 생각하지 않는다'는 것은 경제학을 전혀 배운 적이 없는 사람만이 할 수 있는 욕이다.

돈이 전부가 아니다.

사랑을 예로 들어보자. '신의 사랑'이라든지 '첫눈에 반하다'와 같은 특별한 사례를 제외하면, 애정에는 '모으는데 시간이 걸리는 귀중한 것'이라는 측면이 있다. 조금 더 광범위하게, 사람에 대한 '호감도'라고 해도 좋을 것이다. '사람은 겉모습이 8할'이라든지 '첫인상에서 9할이 정해진다'는 말을 듣긴 하지만, 이것은 다시 말해 '출발지점에서

초기투자에 실패하면 모으는데 시간이 걸려 힘들다'고 말하는 것과 다름없다.

따라서 '브랜드 자본'이나 '관계 자본'과 마찬가지로 '호감도 자본' 이니 '애정 자본'이라는 용어를 생각해 낸 경제학자가 있다고 해도 나는 놀라지 않는다. 아니 아마도 이미 그런 논문은 존재할 것이다.

'애정 자본'이란 말을 하는 단계에서 뭔가 엄청난 실수를 범한 것 같긴 하다. 하지만 신도 아니고 인간 세상의 '사랑'이 '애정 자본'과 전혀 다른 것인가 하면, 뭐 맞는 말인 것 같기도 하다.

그래서 경제학자는 모든 것을 돈처럼 분석한다.

돈이 모든 것이 아니다. 모든 것이 돈 같은 것이다.

그래서 결국 누가 강한데?

샛길로 빠지는 일도 많았으나, 이상 기존 기업의 결점과 장점을 열거해보았다. 훌륭하게 성공을 거머쥔 기존 기업과 신규 기업을 비교할 때 '새로운 기술이나 제품을 세상에 내놓는다'는 점에서는 어느 쪽이 유리할까. '자기잠식 현상'이라든지 '선점하기 전략' 같은 기업의 의욕이나 동기를 둘러싼 이야기는 일단 제쳐두고, 기초체력만으로 비교했을 때, 어느 쪽의 연구개발·이노베이션 능력이 위일까.

이 진지한 질문에 나는 얄팍한 대답을 하게 된다.

'경우에 따라 다르다'

'한마디로 말할 수 없다'

'측정해보지 않으면 알 수 없다'

누구의 능력이 우수한가는 정의하고, 측정해야 할 필요가 있다. 실증이 필요한 과제다.

그 실증 방법은 5장과 9장에서 해명하기로 한다. 연구개발에 대한 투자는 동학적인 행동이므로 그 능력을 측정하는 것은 상당히 번거로운 일이다.

일단, '누구의 능력이 우수한가?'라고 하는 질문에 대답하는 것이 얼마나 어려운지 맛볼 수 있는 20세기의 저명한 경제학자 요제프 슘페터의 회답을 소개한다.

슘페터에 의한 '발전'의 다섯 가지 분류

현재의 체코공화국(당시는 오스트리아·헝가리 제국) 모라비아 지방에서 태어난 슘페터는 1906년에 빈대학 법학부에서 박사를 취득했다. 그라츠대학 교수 시절인 1912년에 발표한 《경제발전 이론》에서 그는 이노베이션과 기업가에 대해 언급하고 있다.

당시 슘페터는 '이노베이션'이 아니라 '발전'이라든지 '전개'(독일어 Entwicklung, 영어 development)라는 단어를 써서 기술혁신을 논했다. 그 뜻은 '구기술'에 의해 달성된 하나의 (정학적인) 균형이 '신기술'의 도래로 인해 다른 새로운 (이것 역시 정학적인) 균형으로 이행하는 모습을 가리키므로 '전개'라고 부른 것이다.

이때는 아직 변화의 프로세스 전체를 통해 하나의 '동학적인 균형'

으로 분석하는 이론이 없었다. '앞을 내다 본' 개인이나 기업이 '동학적 최적'의 방법으로 물건을 사거나 파는 수학적인 분석이 가능해지기까지는, 적어도 1950년대까지 기다릴 필요가 있었던 것이다(이 요점은 8장에서 소개할 예정이니 기대하시라).

슘페터는 이노베이션(발전)을 다섯 가지로 분류했다.

① 새로운 제조 방법
② 새로운 제품
③ 새로운 원재료
④ 새로운 시장과 고객
⑤ 새로운 산업 조직

이 중에 ①과 ②는 각각 이번 장에서 말하는 '공정(프로세스) 혁신'과 '제품(프로덕트) 혁신'에 해당한다.

또한 '새로운'의 기준에 관해서는 굳이 '자연과학적 발견이나 발명'에 근거한 것이 아니라도 좋다고 슘페터는 말하고 있다. 분석대상 시장에 있는 당사자(사는 쪽과 파는 쪽)에게 새로운 것이라면 그 기술 자체가 세계 최초든 아니든 상관없기 때문이다. 이것은 경제학적으로도 이치에 맞는 이야기다. 이 책에서도 편의상 '신기술'이라든지 '기술혁신'이라는 말을 쓰고는 있지만 의도하는 것은 슘페터와 마찬가지로 넓은 의미에서의 '새로운 것' 전반이다.

③과 ④는 조금 설명이 필요할지도 모르겠다. ③의 '새로운 원재료'는 '지금까지보다 저렴한 원재료를 사용할 수 있다면, 생산비용이

적게 들어 이익'이라는 의미다. 비용에 주목하고 있으므로, ①의 '새로운 제조 방법'(공정 혁신)과 비슷한 착안점이다.

④의 '새로운 고객'이라는 것은 가령 전통적인 방법으로 장인이 만든 독일산 소시지를 인도에 가지고 갔다면 인도의 소비자에게는 '신제품'일지도 모른다는 이야기다. '독일인 장인이 만든 수제 소시지'는 세계 최초의 발명품은 아니지만, 그러한 제품·제조 방법과 인연이 없던 곳에 가면 충분히 '신제품'이 될 수 있다. 하긴 인도, 특히 채식주의자가 많은 지역에서는 이 기획이 성공하지 못할 수도 있지만 ②의 '새로운 제품'(제품 혁신)에는 가까운 착안점이다.

마지막으로 ⑤의 '새로운 산업 조직'. 이대로는 무슨 뜻인지 모르겠지만, 슘페터의 말에 의하면, 기업합병이나 담합으로 공급하는 쪽의 경쟁구조(즉 '산업' 그 자체의 '조직')를 바꿔버리는 것을 말하는 것 같다.

유연하게 생각하지 않으면 상당히 이해하기 힘든 발상이지만, 일단 하나의 산업 전체를 하나의 공장으로 보자. 그리고 자신이 업계의 경영자가 되었다고 상상해보자. 그 견지에서는 예를 들어 3개사가 따로따로 경쟁하고 있는 상황과, 3개사가 합병이든 담합이든 '단일화'되어 협력하는 상황이라면, 완전히 다른 '공장'(생산체제)을 운영하는 느낌일 것이다. 그런 의미에서 굳이 말하자면 ⑤도 ①의 새로운 제조방법에 가까운 뉘앙스를 갖고 있다.

여기까지 오게 되면 솔직히 '이노베이션'이라기보다, 독점이라든지 협약처럼 '어떻게 하면 경쟁하지 않고 돈을 벌 수 있을까'라는 주제가 되어버린다. 세상에는 '독점규제법'이라는 것이 있어서 그리 쉽사리

합병하거나 담합할 수는 없다(성사되더라도 발각되면 잡혀갈지도 모른다).

그러나 원리적으로는 '산업 전체를 모두 한데 묶은 이노베이션'을 구상하는 것도 가능하다. 일종의 '혁신적 비즈니스 모형'이나 '플랫폼 만들기' 같은 것이 ⑤에 가까울지도 모른다.

그렇다면 슘페터의 다섯 가지 분류에 대해 본 책에서는 ①의 '공정 이노베이션'과 ②의 '제품 이노베이션'만을 구별하는 간단한 사고 방식을 장려하고 있다. ①~⑤에 대해서, 지금까지의 설명을 읽으면서 어렴풋이 깨달은 독자도 있을 테지만, ①, ③, ⑤는 모두 생산 공정의 '비용 절감'이라는 의미에서는 마찬가지이며, ②와 ④는 둘 다 '신제품의 도입'이라는 의미에서 같기 때문이다.

우리의 두뇌는 유한하므로 암기항목은 적을수록 좋다.

구체적인 예로는 2장의 '이노베이션의 분류'에 관한 한 구절을 다시 읽어보길 권한다. 다양한 카테고리를 만들어 분류하는 작업은 즐겁다. 곤충채집과 표본채집은 자칫 너무 빠져버리기 십상이므로, 우리들은 그저 나비와 나방만 구별할 정도로 이해하고 앞으로 나아가 보자.

슘페터의 모순

그렇다면 본 책에서 말하는 '이노베이션'이 슘페터가 말하는 '경제 발전'과 같다는 것을 알았지만, 그것을 단행해야 하는 쪽에 대해 과연 그는 어떻게 생각하고 있었을까?

    1912년《경제발전의 이론》에서는 주로 기업가에 의한 위의 다섯 종류의 '발전' 혹은 '신결합'(다양한 생산요소를 새로운 방법으로 조합하거나, 새로운 장소에 가져간다는 의미)이 전면에 나온다. 따라서 유럽에 살던 시절의 슘페터는 신규 기업의 역할을 중시한 것으로 보인다. 이노베이션 연구자 사이에서 슘페터는 '마크 I[11]'(버전1.0이라는 의미)으로 불린다.

    참고로 유럽에서 결혼한 슘페터지만, 그의 전기에는 이 무렵 부인에 관한 언급이 거의 없으며, 그 후 미국으로 건너가 하버드대학 교수가 된다. 슘페터 부인의 글은 그의 사망 후 출판된 일본어판 서적에서 찾아볼 수 있는데, 아무래도 '마크 I'과는 딴사람 같다. 그의 사생활에 무슨 일이 있었던 걸까? 진상은 수수께끼로 남았다.

    그건 그렇고, 미국으로 건너가 1942년에 영문판으로 출판된《자본주의·사회주의·민주주의》에서부터 슘페터의 어조가 조금 달라진다.

    그가 '창조적 파괴'의 프로세스에 대해 말할 때, 그곳에는 분명 '신규 기업의 신상품'이 '기존의 산업'을 연이어 점령하는 모습이 그려져 있기는 하다.

    그러나 이 책의 제2부 '자본주의는 살아남을 수 있는가?'의 후반으로 가면 그의 어조는 묘하게 비관적으로 변한다. 연구소를 겸비한 대기업의 조직력·연구개발 능력에 대해 높은 평가를 하는 한편, 결국 마지막에는 기업가가 활약할 여지가 사라지고 없는 것이 아닌가 하는 전망을 내놓고 있다.

---

11) 최초의 전기기계식 계산기

또한 기업가라고 하는 '발전'의 원동력을 잃은 자본주의경제는 기존 기업이라는 거대한 관료기구 속에서 결국 질식해가고, 대신 사회주의가 대두한다고 말하고 있다. 이 책의 제3부는 '사회주의는 작동할 수 있는가?'라는 문제를 다루며 서둘러 다음 설정으로 넘어간다. 무척이나 성질 급한 인물이다.

'대기업의 연구개발 능력'을 강조하는 후자의 가설은 슘페터 '마크 II'로 불리고 있다. 이렇듯 슘페터의 발자취를 따라가다 보면 신규 기업과 기존 기업 중에서 어느 쪽의 능력을 더 높이 평가할지에 대해 그도 다소 흔들림이 있었던 것으로 보인다.

이것을 가리켜 슘페터의 모순이라든지 일구이언이라고 비판할 수도 있다. 그러나 그다지 건설적이지는 않다. 세상에는 다양한 측면이 있기 때문이다.

만약 키가 큰 사람이 많다면 누가 가장 큰지는 측정해보지 않고는 결정할 수 없다. 마찬가지로 어떤 유형의 기업도 그 나름대로 능력이 우수한 것 같아 보인다면 역시 측정해봐야 할 일이다. 실증 분석이 등장할 차례다.

여기까지의 정리

2, 3, 4장에서는 '이노베이터의 딜레마' 그리고 '창조적 파괴'를 둘러싼 세 가지 이론(혹은 현상의 측면)을 해설했다. 필요한 기초지식도 어느 정도 생겼을 것이다.

- 2장에서 나온 '수요의 대체성'이나 '이노베이션의 유형'
- 3장에서 나온 공급측면의 '불완전경쟁',
- 4장에서 나온 '정학'과 '동학' 등이 있다.

이들 용어와 개념 속에는 입문 수준의 미시경제학에서 소개하고 있는 것도 있고, 대학원의 박사과정까지 가지 않으면 습득하지 못하는 것도 있다. 그러나 현실의 경제 현상은 당신이 경제학박사가 될 때까지 기다려주지 않는다.

그래서 대충 뭉뚱그려 설명하긴 했어도, 경제학의 깊숙한 곳에 어떠한 사고나 착안점, 세계관이 퍼져 있는가를 한 번쯤 체험해두는 것도 유익하며 재미있을 거라 생각한다. 그런 배움의 기회를 제공하는 것도 학자의 일일지 모르겠다.

다음 장부터는 현실 세계의 계량, 즉 데이터 분석을 포함한 '실증 방법'에 대해 이야기하도록 하자. 나름대로 전문적인 용어가 등장하긴 해도, 지금까지 이야기한 것과 난이도를 따라온 독자라면 아마 어렵지 않을 것이고 내용을 모두 이해하지 못한다 해도 얻는 것은 분명히 있을 것이라 생각한다. 계속해서 읽어주기 바란다.

제5장

Three Empirical Methods

실증분석의 세 가지 방법

지금까지의 요약

기술의 세대교체로 인해 기업이나 산업이 흥망성쇠를 반복한다(창조적 파괴). 그렇다면 기존 기업은 어째서 재빨리 신기술을 먼저 차지하지 않는 것일까? 앉아서 죽을 날만 기다리는 것도 아니고. 이것이 이 책의 기본적인 연구 질문^{research question}이다.

'이노베이션의 딜레마'를 경제학적으로 생각하기 위해 세 가지 이론을 배웠다.

- 첫째, 신제품과 기존 제품 사이의 대체성이 높으면, 수요의 자기잠식이 일어나므로 기존 기업에게 있어서는 신제품 도입의 혜택이 적다.(치환효과)

- 둘째, 그렇다고는 해도 슬금슬금 새로운 라이벌이 들어오는 것을 보고만 있다가는 '시장의 독점도'가 떨어져, 이익도 격감하므로 기존 기업은 오히려 신규 세력보다 먼저 신기술을 매수해버려야 한다.(선점하기)
- 셋째, '진짜 연구개발 능력'에 있어 기존 기업과 신규 기업의 어느 쪽에서 승리의 깃발이 올라가느냐는 쌍방 모두 지지하는 가설이 있으므로, 실제로 측정해보고 싶다.(능력 격차)

간단한 질문에서 시작했는데 상당히 복잡한 이야기가 되고 말았다. 그림으로 그리면 여러 힘들이 서로 얽히고설켜 있다.

기존 기업은 한편에선 '치환효과'에 발목이 잡혀 있으나, 다른 한편으로는 재빨리 이노베이션에 착수해 미래의 라이벌이 출현하기 전

도표 5-1 | 경제학적으로 본 '이노베이터의 딜레마'

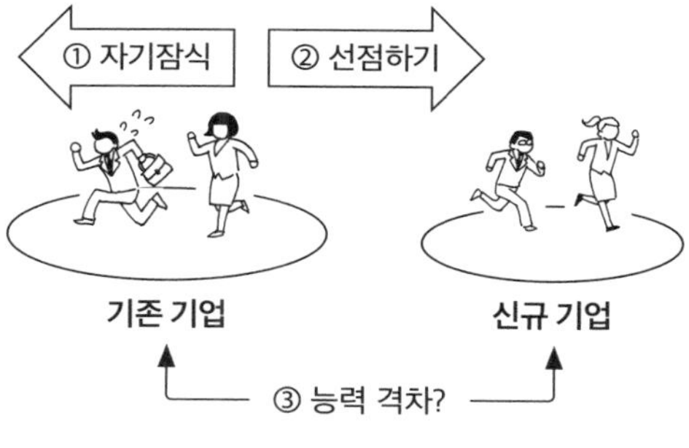

① 자기잠식 ② 선점하기

기존 기업   신규 기업

③ 능력 격차?

① 자기잠식하는 만큼 기존 기업의 의욕은 낮다.
② 선점하면 라이벌의 진입을 저지할 수 있다.
③ 연구개발 능력의 우열에 따라 ①, ②의 균형도 달라진다.

─────────────────────────────

세 가지 이론적 '힘'을 어떻게 실증하면 좋을까?

─────────────────────────────

에 '선점하기'하려는 유혹에도 흔들리고 있을 것이다. 그리고 '능력 격차'라는 측면에서도 기존 기업과 신규 기업의 어느 쪽이 우수한지에 따라 '자기잠식'과 '선점하기'에서 힘의 기울기도 달라진다.

이론적인 세 힘의 줄다리기를 어떻게 실증하면 좋을까?

이번 장에서는 실증분석의 세 가지 방법을 소개한다.

무엇을 가지고 정확한(과학적인) 분석이라고 할까. 학문 분야에 따라 '기준'은 다양하다.

여러분도 일상에서 뉴스라든지 일이나 생활에 관련된 정보를 신뢰할지 말지에 대해 무의식적으로 선별하고 있을 것이다. 그런 자신의 '현실 감각'을 기른다는 생각으로 읽어주길 바란다. 자신의 전문 분야나 업계의 '기준'과 비교해보는 것도 재미있을 것이다.

방법 ①: 데이터 분석 (좁은 의미)

실증 연구라고 하면 경제학자가 가장 먼저 떠올리는 것은 단순한 데이터 분석, 이른바 '회귀 분석'이라고 하는 통계방법이다.

물론 모든 실증분석은 어떤 의미로든 '데이터'를 분석한다. 그래서 넓은 의미로는 온갖 실증분석이 모두 데이터 분석이 된다. 그러나 여기에서는 '좁은 의미의 데이터 분석'으로 나중에 기술하는 '비교실험'(방법 ②)이나 '시뮬레이션'(방법 ③)이 없는 분석을 염두에 두자. '주변에 굴러다니는 것들을 모은 데이터를 이용해 어떠한 패턴을 통계적으로 발견해보자'고 하는 가장 흔한 실증 연구다.

상관관계

'좁은 의미의 데이터 분석'은 수량적인 데이터 안에 있는 패턴을, 주로 '상관관계'에 접목해 도출하는 방법이다.

상관相關이란, 가령 인간의 키와 몸무게처럼 많은 사람들을 모아 측정했을 때 보이는 '키가 큰 사람은 몸무게도 무거운 경우가 많다'라고 하는 경향을 말한다.

- 키를 X,
- 몸무게를 Y,

라는 '애칭'(변수명: 다양한 수치를 얻을 수 있으므로, 이러한 X나 Y를 **변수**'라고 함)으로 부르기로 하면 이 경우는,

도표 5-2 | '키'와 '몸무게'의 산포도

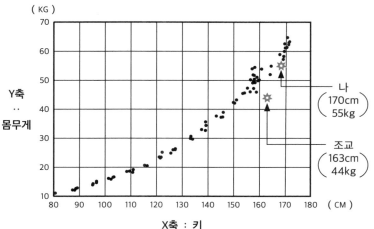

- X와 Y는 **양의 상관관계**에 있다,

고 할 수 있다.

'X가 증가하면 Y도 증가한다'고 하는 정비례와 같은 관계이기 때문이다. 반대로 'X가 증가하면 Y는 감소한다'고 하는 패턴은 **음의 상관관계**라고 한다.

X를 가로축, Y를 세로축으로 측정하면 한 명 한 명의 키와 몸무게를 각각 평면상에 점으로 표현할 수 있다. 수집한 모든 데이터를 도표상에 표시하면, 점점이 흩어져 있는 것처럼 보인다고 해서 **'산포도'**라고 한다.

회귀 분석

가장 단순한 '회귀 분석'은 이러한 패턴을 파악하기 위해,

- 산포도 위에 선을 하나 긋는 것

이다. 키와 몸무게는 양의 상관관계에 있으니 이것을 나타내는 '회귀선'도 우상향 그래프, 즉 '기울기가 양'이 된다.(도표 5-3)

회귀선을 긋는 데는 규칙이 있는데 마음대로 아무렇게나 그려서는 안 된다. 그 규칙으로

- 가능한 모든 점의 한가운데를 지나는 선이 되도록 '절편'과 '기울기'를 정한다,

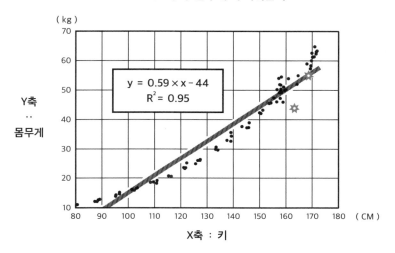

도표 5-3 ┃ '키'와 '몸무게'의 회귀분석

Y축
··
몸무게

$$y = 0.59 \times x - 44$$
$$R^2 = 0.95$$

X축 : 키

고 정해져 있다.

선을 긋는 규칙에는 몇 가지 방법이 있는데, 반드시 직선(1차 함수)이 아니라 곡선(2차 함수나 지수함수 등)이어도 좋다. 물론 좀 더 복잡한 패턴도 좋다. 일종의 '기계 학습' 방법이라든지 '비모수 추정'이라고 불리는 전문분야가 다양한 데이터 분석의 가능성을 탐구하고 있다.

이 책은 통계학이나 계량경제학 교과서가 아니기 때문에, 대략 이 정도로 정리하기로 한다. 더 깊이 알고 싶은 분은 책 마지막 부분에 있는 독서안내를 참고로 지식을 넓히기 바란다.

단, 주의해야 할 점은 다양한 통계방법을 찾는 데에만 너무 빠져들지 않기를. '이노베이션의 분류'에 너무 빠지다보면 '분류를 위한 분류'가 되기 십상인 것처럼, 연이어 개발되는 새로운 방법을 좇기만 해서는 '지식을 위한 지식'이 되기 십상이다. 그저 단순히 '신기술을 알고 있다'는 것 자체는 그다지 가치가 없다. '곤충 채집'의 목적을 잃지 않도록 주의하자.

인과관계

이처럼,

• '상관관계'는 미가공 데이터 속에 제멋대로 존재하고 있다.

따라서 발견하는 것은 간단하다. 단지 문제는,

• '상관관계'와 '인과관계'는 전혀 다른 성질의 것이다.

라는 점이다. 가령 몸무게를 감량하려고 진지하게 생각하고 있는 사람에게 '그러면 키를 조금 깎으면 되지 않을까(웃음)?'라는 조언을 했다가는 화를 낼 것이다.

체지방률이라든지 골밀도나 근력트레이닝처럼, 몸무게에 관한 요소는 다양하지만, 키와 몸무게는 이른바 '몸의 크기'라는 근본적인 특징의 표상에 지나지 않으므로, 키가 크니까 몸무게가 많이 나간다는 것은 인과관계가 아니다.

그렇다면 인과관계를 발견하기 위해서는 어떻게 해야 할까? 안타깝지만 그것은 불가능하다. 심하게 말하자면,

- '인과관계'는 우리들 머릿속에만 존재한다.

상관관계라면 데이터 속에 마음대로 존재하는 것이지만, 인과 관계는 그것과는 근본적으로 다른 성질의 '개념'이다. 그래서 무엇을 근거로 '논리적'이고 '과학적'인 인과관계(의 설명)라고 간주할지는 시대에 따라, 분야에 따라, 때로는 사람에 따라 다르다.

'상관은 데이터 속에, 인과는 머릿속에 있다'

물론 이것은 극단적인 표현이다.

가령 **'도구 변수법'**은 인과관계의 발견에 유효한 계량경제학적으로 확립된 통계방법이다. 고도의 테크닉이므로 간략히만 설명하면 앞서 나온 변수 X나 Y 외에,

- 일정 조건을 충족시키는 제3의 변수 Z(도구변수)가 존재한다.

와 같은 좋은 데이터 환경일 경우에만 사용할 수 있는 방법이다. 다음 장에서는 '이노베이터의 딜레마의 해명'으로 한 걸음 나아갈 것이므로 거기서 도구 변수법을 실제로 사용해보려 한다.

또한 나중에 나오는 '비교 실험'(방법 ②)을 정확히 한다면, 상당히 신뢰할 수 있는 인과관계의 도출이 가능하긴 하다. 나는 '무슨 일이 있어도 절대로 인과관계를 파혜칠 수 없다'고 주장하는 것이 아니다.

그러나 대개의 경우, 어떤 데이터 환경이나 비교 실험이라 할지라

도 뭔가 이론상의 약점을 가지고 있다. 그래서 일반인이든 연구자든 자신이 믿고 있는 스토리(인과관계)를 '과학적'이라고 칭하고 있을 뿐인 경우가 많다. 따라서 학문적인 엄밀한 대원칙으로는,

• '인과관계를 증명하는 완전무결하고 절대적으로 확실한 통계방법 같은 건 존 재하지 않는다'라는 식으로 일단 생각하는 것이 좋다.

가령 육아를 경험해본 사람이라면 (주로) 엄마들 사이에서 무한히 반복되는 '모유와 우유 중에 어느 쪽이 아이의 발육에 좋을까?' 하는 종교 전쟁을 알고 있을 것이다. 혹은, '아이를 어린이집에 맡기는 것은 옳은가? 그른가?'라고 하는 쓸데없는 신학 논쟁도 자주 본다.

이러한 화제의 경우, 당사자만이 아니라 연구자나 정부, 국가기관도 상당히 심한 편견을 품은 상태에서 논쟁이 시작된다. 개인적인 취향이나 철학은커녕, 자기 자신의 인생관이나 존재 의의, 정체성이 걸린 '전쟁'의 한가운데에서 인과관계를 냉정하게 과학적으로 사고할 수 있는 사람은 드물다. 인터넷의 정보나 자칭 '전문가'들의 블로그와 트위터를 들여다보자.

다시 한 번 강조하지만, 이러한 화제에 관해 '과학적 분석은 절대 존재하지 않는다'고 말하는 것이 아니다. 어려운 점은 개별의 '과학적 분석'이 어떤 입장이나 목적에서 행해지고 있는가를 조사하는 일, 그리고 그들의 분석 내용의 좋고 나쁨을 객관적으로 꿰뚫어보는 일이다.

나의 UCLA 박사과정 지도교수였던 에드워드 리머(전문분야는 국제무역 이론과 실증 및 계량경제학)는 이렇게 말했다.

"상관관계는 데이터 속에 있다. 그러나 인과관계는 우리들 머릿속에만 존재하는 것이다."

상관관계는 '현실'이지만 인과관계는 '공상의 산물'이다.

주의할 점은 리머와 나는 일부러 인과관계 검증 자체를 싫어하거나 부정하는 것이 아니라, "데이터 속에는 반드시 인과관계가 있을 것이다. 그리고 통계학을 사용하면 그것은 반드시 발견할 수 있다"라고 하는 순진해빠진 발상을 하지 않도록 경고하고 있는 것이다.

'데이터'는 현실 세계의 단편(샘플)이지만, 그것을 인과관계로 분석하기 위해서는 우리 머릿속에 있는 (우리 머릿속에밖에 없는) 논리적인 공상, 즉 '이론'이 필요하다.

이러한 의미에서의 '이론'을 리머는 '스토리'라고 부르고, 나는 자주 '세계관'이라는 단어를 쓴다. '이론'의 보조선 없이 현실을 분석하거나 인과관계를 이끌어 낼 수는 없다.

조금 잔소리가 길어졌으나, 내가 말하고자 하는 것은 '데이터와 이론, 둘 다 진지하게 대하자'는 말이다.

'기계 학습≈회귀 분석'

지금까지 통계학이나 계량경제학을 접해보지 못한 사람 중에는, 어쩌면 '기계 학습'이나 '인공 지능'이라는 키워드를 듣는 순간 '과학적인 데이터 분석이 틀림없다'고 믿어버리는 순진한 분이 계실지도 모르겠다.

그러나 이들 컴퓨터·과학계의 데이터 분석 방법도 원리적으로는

회귀 분석과 같은 구조로 움직이고 있다. 따라서,

- 앞선 상관관계와 인과관계를 둘러싼 주의점은 경제학에 한정된 것이 아니라, 의학 및 공학, 통계학 등의 온갖 학문 분야나 분석 기술에서도 동등하게 적용된다.

'실증분석의 방법'이라는 이번 장의 테마는 '경제학의 실증분석'에 한정된 이야기가 아니다. 모든 데이터 분석, 그리고 모든 현실 생활의 국면이 대상이다. 그렇게 인식하고 '방법'을 몸에 익히길 바란다.

'이노베이션'을 어떻게 측정할까?

인과관계에 얽힌 심오한 철학은 제쳐두고, '이노베이션의 실증 연구'에서 가장 흔한 데이터 분석은 특허 건수와 기업 특성 간의 상관관계를 조사하는 것이다.

가령 출원 중이거나 취득한 특허 건수를 각 회사에서 조사해, 그들 기업의 규모(매출 및 종업원 수)나 신·구(창업연수)와의 산포도를 준비해보자. 큰 회사일수록 많은 특허를 가지고 있다고 하는 경향이 드러나기 시작할 것이다. 즉 발명 건수와 기업 규모 사이에는 '양의 상관관계'가 있다.

편의상, 크고 오래된 회사를 '기존 기업', 그렇지 않은 회사를 '신규 기업'으로 간주해도 무방하다. 그러면, 흡사 '기존 기업 쪽이 이노베이션에 성공한다'는 것이 '통계적 사실로 증명'되는 것처럼 보일 것이다.

그러나 그것은 단편적인 해석이다. 문제점은 얼마든지 있으나 생각나는 대로 다섯 가지 정도 들어보겠다.

첫째, 특허는 이노베이션의 불완전한 지표에 지나지 않는다. 이 분야의 선구자 즈비 그릴리헤스[Zvi Griliches](하버드대학 교수. 1999년 사망)가 귀가 따갑도록 말한 대로, 모든 이노베이션이 특허의 대상이 되는 건 아니며, 모든 특허가 (경제학적인 의미에서) 이노베이션을 동반하지도 않기 때문이다.

가령 제조공정상의 창의적인 방법이나 과학적 일반 원칙의 대부분은 특허의 대상이 되지 않는다. 또한 만약 특허취득이 가능했다 하더라도 일부러 신청을 하지 않는 기업도 있다. 왜냐하면 특허란, '그 발명을 이용한 비즈니스를 15~20년간 독점해도 좋다'고 하는 공적 인증을 받는 대신, '그 발명 내용을 세상에 공개해야 한다'고 하는 원칙이 있기 때문이다.

일시적인 독점권(이것은 공익에 반한다) 대신에 지식의 전파(이것은 공익에 도움이 된다)를 촉진하는 구조다. 그렇다면 특허를 따기보다는 오히려 '기업의 일급비밀'로 남겨두는 게 더 이익이라는 사례도 나온다.

둘째, 특허 건수나 연구개발비라고 하는 지표는 그 연구소나 회사의 예산 규모에 비례하는 일이 많다. 그리고 연구 예산은 '매년 매출액의 약 10%' 정도로 책정되기 쉽다. 왜냐하면 특허 건수라고 하는 지표는 거의 자동적으로 기업 규모에 정비례하기 때문이다. 이처럼

• 배경에 기계적인 관계가 존재

하는 경우 겉으로 드러난 데이터를 통계적으로 분석해도, 여기서 배울 것은 별로 없다. 그것은 마치 경영자의 '꿍꿍이'를 모르고 겉으로 드러나는 인터뷰 발언 같은 '겉모습'을 순진하게 믿어버리는 것과 비슷하다.

세 번째 문제점으로, 이노베이션에 성공한 기업은 그 결과로 매출이 증가해 대기업으로 성장할지도 모른다. 기업 규모가 이노베이션 능력을 정하는 건지, 아니면 이노베이션 능력이 기업 규모를 정하는 건지에 대해 잘 생각해보면, '닭이 먼저냐, 달걀이 먼저냐' 하는 문제에 부딪힌다. 그래서 양의 상관을 발견해도, 그 원인에 대해 분석하는 일은 어렵다. '닭이 달걀에게 미치는 영향'인지, 아니면 '달걀이 닭에게 끼치는 영향'인지 판단할 수 없기 때문이다.

네 번째, '자기잠식', '선점하기', '능력 격차'와 같은 개념은 어차피 데이터화되지 않는다. 고도로 전문적이며 추상적인 개념은 정부 통계에도 회사 사보에도 실리지 않는다. 만약 그런 데이터베이스가 존재한다 하더라도, '이론적으로 타당하고, 본래의 정의와 아이디어에 충실하게' 측정되었다고 할 수 없다.

다섯 번째로, 경쟁 관계에 있는 기업이란 경기에서 승부를 겨루는 운동선수와 같은 것이며, 눈에 보이는 사진이나 숫자만으로는 그곳에서 정말 무슨 일이 일어나고 있는지 알 수 없다. 가령 씨름선수 두 명이 샅바를 잡은 채 '버티기'를 하며 미동도 하지 않는다면, 과연 그들은 아무것도 하지 않고 있는 것일까? 사실은 있는 힘껏 버티고 있음에도 언뜻 봐서는 아무것도 하지 않는 것처럼 보이기도 한다.

마찬가지로 누군가가 먼저가 되면 누군가는 나중이 된다는 '먼저

와 나중'이라는 정의에 따라, 모든 기업이 '선제공격'에 성공할 수는 없다. 따라서 어떤 기존 기업이 뒤처지는 것을 보고 '선점하기 시합에 과감하게 도전했음에도 불구하고 힘이 모자랐다'고 할 것인지, 아니면 '누군가가 선점하기를 해서 포기하기로 했다'고 할 것인지 표면적인 데이터만으로는 판가름할 수 없다.

이론(공상)의 보조선 없이 데이터(현실)를 분석할 수 없다

결국 그대로 방치하면 '데이터는 아무 말도 하지 않는다'가 된다. 오히려 우리들은 적극적으로 '데이터에 귀를 기울일' 필요가 있다.

그러기 위해 마련한 기본 체크리스트는 다음과 같다.

① 데이터화되어 있는 각 지표는 올바르게 측정되어 있는가.

② 그들은 (연구 질문에 비춰 보아) 정말 의미가 있는 변수인가.

③ 미가공 데이터가 생성되는 과정, 즉 데이터의 배경에 있는 현실은 어떠한 것인가.

④ 그들의 문맥과 대조해 데이터 분석상 어떠한 문제가 일어나고 있을 가능성이 있는가.

⑤ 그렇다면 어떠한 분석 방법이 옳은가. 그 분석이 논리적으로 성립하기 위해 배경에는 어떠한 가정이 필요한가(어떠한 가정을 암묵적으로 전제로 하고 있는가).

그 외에도 다양한 문제가 있을 수 있다. 현실 세계는 복잡하기 때문이다. 그리고 현실 세계와 마찬가지로 모든 문제를 해결할 수는 없다.

그럼에도 불구하고 그들의 문제에 대해 생각하는 것이 분석자의 사명이다. 왜냐하면 데이터를 분석하고 싶다고 말한 것은 우리들(분석자 본인)이며, 모든 것은 우리들의 문제 설정, 연구 질문에 답하기 위한 일이기 때문이다.

그래서 자신이 원하는 것은 항상 확실하게 해두어야 한다. 늘 하던 대로 이야기가 다소 비약적이긴 하지만, 이미지를 떠올린다면,

> 멋진 영화관에서 미국에 망명한 러시아인 발레리나의 러브스토리를 봤다. 사랑을 선택할지, 발레와 조국을 선택할지. 백조의 호수를 춤추며 주인공은 고민한다. 멍청한 사람이라고 기쿠는 생각했다. 자신이 가장 원하는 것이 무엇인지 모르는 녀석은 원하는 걸 절대 손에 넣을 수 없다고 항상 기쿠는 생각하고 있다.
>
> -무라카미 류, 《코인 로커 베이비스》

라고 할 정도로 중요하다. '질문'을 정하지 않으면 '대답'을 할 수 없기 때문이다.

여기서 ①~⑤의 체크리스트를 다시 한 번 보자. 눈치 빠른 독자라면 벌써 알아차렸을지도 모르나, 다섯 가지 체크 항목은 모두 '눈에 보이지 않는 것'에 대한 의문점이다.

당신이 정말로 알고 싶은 것은 무엇인가? 그것은 당신밖에 모른다. 데이터의 생성 과정이 어떻게 되는지는 표면에 나오는 데이터 내용이 아니라, 데이터의 모체가 되는 현실 세계에 대한 통찰이다.

따라서 데이터 분석의 진수란, 데이터 내에서 '관측된' 변수나 그

값을 분석하는 것이 아니라, 오히려 데이터에서 '관측되지 않은', '눈에 보이지 않는' 무언가에 대해 얼마나 제대로 생각했느냐하는 것이다. 이것이 경제학적인 데이터 분석, 즉 계량경제학에 있어서 가장 중요한 포인트다. 꼭 기억해두길 바란다.

방법 ②: 비교 실험

실증 방법 두 번째는 비교 실험. 이미지를 그려본다면 이과 수업에서 자주 하던 '실험' 정도가 될 것 같다.

실험 방법으로 경제학이 하나의 본보기로 삼고 있는 것은 역학 조사 방법이다. 새로운 약의 효과를 조사하기 위해 다수의 피험자를 모아,

- 피험자의 절반은 진짜 약을 투여하고(이하 그룹 A),
- 나머지 절반에게는 효과가 없는 가짜 약을 투여한다(이하 그룹 B)

라고 하는 방법이다.

사람의 생명이 걸린 만큼, 각국 정부의 신약 인가 기준이나 요구되는 임상실험의 질과 양은 무척 엄격하다.

참고로 그룹 B에게 일부러 가짜 약을 투여하는 것은 단순히 어떤 '약을 먹었다'라는 사실만으로도 증상이 개선되는 경우가 있기 때문이다. 인간은 참 이상하다. 그런 '기분 탓'인 정신적인 영향을 '플라시

보 효과'라고 한다. 만약 그룹 A에 속한 사람의 증상이 개선되더라도 그것이 약의 효능인지 단순히 기분 탓인지 모호하다면 그다지 과학적으로 보이지 않는다.

여기서 그룹 A와 B의 양쪽에 어떤 '약'을 투여한다. 그러면 양 그룹에서 똑같이 '기분 탓'인 상태가 되기 때문에 두 그룹을 비교하는 것으로 플라시보 효과를 상쇄할 수 있다. 번거롭지만 신약의 진짜 효과와 플라시보 효과를 식별하려는 묘책이다.

도표 5-4의 덧셈과 뺄셈을 10초 정도만 노려보라. 만약 떠오르는 게 없다면 다니는 병원 의사선생님께 물어봐도 좋다.

도표 5-4 | '신약 효과'를 비교 실험으로 측정

$$\binom{\text{그룹A의}}{\text{증상변화}} = \text{플라시보 효과} + \text{신약의 진짜 효과}$$

$$\binom{\text{그룹B의}}{\text{증상변화}} = \text{플라시보 효과}$$

이라는 것은

$$\text{신약의 진짜 효과} = \binom{\text{그룹A의}}{\text{증상변화}} - \binom{\text{그룹B의}}{\text{증상변화}}$$

• 그룹 A의 증상의 변화 = 플라시보 효과 + 신약의 진짜 효과
• 그룹 B의 증상의 변화 = 플라시보 효과

따라서,

- 신약의 진짜 효과 = (그룹 A의 증상의 변화) - (그룹 B의 증상의 변화)

라는 공식을 만들 수 있다. 개개인을 대상으로 한 역학 조사를 기준으로 하고 있어서, 이 방법은 '개별 소비자나 노동자에게 ○○을 투여하면 어떤 효과가 있을까'를 조사하는 데에는 안성맞춤이다.

가령 마케팅 분야에서는,

'언제, 어느 소비자에게 무슨 쿠폰을 주면 얼마나 매출이 오를까?'

라든지, 1장에서 소개한,

'음료수 자동판매기에서는 어떤 추천방법이 효과적일까?'

라고 하는 연구 질문이 인기테마이다.

또한 노동경제학이나 개발경제학이라는 분야에서는

'실업자에게 어떤 트레이닝을 시키면 새로운 직장을 얻을 가능성이 높을까?'

라든지,

'개발도상국의 빈곤세대에게 어떤 정책을 쓰면 아이를 학교에 보내거나 저금을 해서 빈곤에서 탈출하게 될까?'

라고 하는 테마가 예전부터 중요시되어 왔다.

어찌됐든 연구 대상이,

- '소규모'이고,
- '다수' 존재하며,
- '독립'적인(개인 간의 상호 관계는 신경 쓰지 않아도 됨)

경우에는, 정말 좋은 조건의 접근법일 것이다.

단, 이 책의 연구와 같이 '현실의 기업'이나 '산업 전체'를 다루는 경우에는 실험을 구상하기 어렵다. 또한 애초에 '과거의 역사적인 사건'을 다시 고칠 수는 없다는 문제점이 있다.

그래서,

- '대규모'적인 현상에 대해
- '장기간'의 시계열[12] 데이터나
- '상호 관계'가 강한 주체(대기업이나 산업, 국가 등)

를 다루는 산업조직론이나 거시경제학이라는 분야에서는, 큰 기대를 할 수 없다. 연구 대상은 물론 '질문'과 '방법'의 궁합도 아주 안 좋다.

또한 개인을 대상으로 한 역학 연구라 하더라도, '비타민C 정제의 계속적인 복용이 장기적 심신의 발육과 건강에 미치는 효과'와 같은 테마라면, 이것을 엄밀히 측정하는 것은 거의 불가능하다. 많은 피험자에게 장기간에 걸쳐 비타민C 정제(혹은 같은 모양과 맛이 나는 가짜 약)를 지시대로 복용하게 하는 일은 힘든 일이다. 게다가 '장기적 심신의 발육과 건강'에 영향을 줄 것 같은 다른 모든 요인을 제한하거나, 같은 조건 하에서 연구하는 조치는 일반회사에서는 불가능하다. (단 일반적이지 않은 회사, 가령 대량의 정치범이 형무소나 강제수용소에 수감되어 있

---

12) 시간의 경과에 따라 연속적으로 관측된 관측 값의 계열.

어 죽을 때까지 획일적으로 규칙적인 생활을 보내고 있는 경우에는 그런 실험이 가능하다.)

실제로 특수한 식생활 환경에서 발병하는 괴혈병과 같은 '결핍증'의 예방 외에, 비타민C의 건강 효과(인과관계)는 오늘날에 이르기까지 증명된 바가 없다.

방법 ③: 시뮬레이션

1장에서 '스카이다이빙을 할 때 낙하산 장착의 효과'의 사례에서는, 실제 실험이 불가능하며, 인명 및 예산 등의 면에서 비용이 많이 든다는 이야기를 했다. 낙하산의 경우, 그 움직임에는 공기라고 하는 유체 역학이 밀접하게 관여하고 있는데 그러한 역학^{力學}(동학)에 대한 이론적 예측을 단순한 수식으로 표현하는 것 또한 어려운 일이다. 여기에 컴퓨터 수식 계산에 의한 시뮬레이션(모의실험)이 나설 때가 왔다.

낙하산 이야기를 잊어버린 분들도 계실 테니 비슷한 예를 이용해 다시 이미지를 떠올려 보도록 하자.

• 가상의 적(화성인이라든지)의 공격을 받고 폭발 직전의 우주정거장에서 우주 비행사를 지구로 무사 귀환시키려 한다.

황당한 스토리라 좀 미안하지만, 아무튼 이 문제의식을 공유하지 않으면 진행할 수 없으니 서둘러 마음의 준비를 해주길.

우리들은 '우주정거장에서 탈출해 지구에 생환하는 방법'을 개발하고 싶은 것이다. 이것은 금세기 인류에게 있어 중요한 목표라 할 수 있다.

- 일단 대기권으로 진입할 때 충격을 견딜 수 있을 만큼 견고한 캡슐이 필요하다.
- 그리고 해수면에 착수할 때의 충격을 흡수하기 위해서는 낙하속도를 완화시킬 수 있는 낙하산도 필요하다.

다양한 강도의 캡슐과, 다양한 형태와 재질의 낙하산을 준비해 실험해보면 어떨까. 우주정거장에서 각양각색의 '낙하산이 장착된 캡슐'을 지구로 날려 보내는 것이다. 당연히 체격과 연령, 체질도 비슷한 우주비행사들을 많이 모아서 그룹 A와 그룹 B로 무작위로 나눌 필요도 있을 것이다.

아이디어 자체는 나쁘지 않다.

그러나 우주정거장까지 캡슐 운반이나 우주비행사들의 훈련에 막대한 비용이 든다. 진짜 탈출용 캡슐이나 진짜 우주비행사로 여러 번 실험을 거듭해야만 한다. 물론 윤리적인 문제도 있다. 그것들은 모두 경제학적인 '비용'의 일환이다.

그렇다면 실험 규모를 축소하면 어떨까? 예산과 인원수를 줄여, 낭비 없이 진행할 수 있을 것 같다.

단, 실험실 내에서 실물을 축소한 모형으로 실험하는 것으로는 대기권 돌입과 착륙을 얼마나 현실에 가깝게 표현할 수 있을까, 그 재현의 완성도에 의문이 생긴다.

여기서 시뮬레이션이 등장한다.

'우주정거장 탈출용 캡슐의 착수 충격 시뮬레이션'은 다음과 같이 진행된다.

- 먼저 캡슐의 낙하 운동과 해수^{海水}라는 유체에 대해 생리학적인 운동법칙을 수식으로 표현해둔다.
- 그 후 캡슐이 해수면에 착수한 순간 이 둘의 상호작용을 '캡슐의 표면'과 그에 걸리는 '해수의 압력에 의한 부하'로 정리하고, 컴퓨터로 계산한다.
- '낙하 속도와 착수 충격의 관계'가 계산에 의해 판명되므로 그것을 참고하면 '우주비행사가 생존할 수 있는 낙하 속도'도 구할 수 있다.
- 나머지는 '낙하 속도를 충분히 낮추는' 효과가 있는 낙하산을 준비하면 된다.

'가상의 적(화성인이라든지)의 공격을 받고 폭발 직전'이라는 부분은 완전히 내가 지어낸 이야기지만, '우주정거장 탈출 캡슐의 착수 시뮬레이션'이라는 부분은 현실에 존재하는 진지한 공학연구다. (스기모토 다카시, 〈완강하하는 캡슐의 착수 충격 시뮬레이션〉, MSS기보, Vol.24를 참조.)

'우주정거장 탈출용 캡슐' 외에도 시뮬레이션은 물리학·화학·생물학의 여러 분야에서 이용되고 있다. 지구온난화와 같은 기상현상의 연구에도 빼놓을 수 없다. 귀중한 예산과 인명을 희생하지 않고, 믿을 만한 과학적 예측이 가능하기 때문이다.

시뮬레이션에 난점이 있다면 그것은,

- 복잡한 사물과 현상에 대해 '모의해야 할 중요한' 측면과 '무시해야 할' 측면을 정한 다음,
- 각 요소에 대해 현명한 이론적·실증적 분석을 준비

해야 할 필요가 있기 때문에, 분석 결과가 연구자의 역량에 의해 크게 좌우된다.

또한 아무리 오늘날의 컴퓨터가 강력하다 하더라도, 계산 양이나 속도에는 한계가 있다. 엄청나게 크고 복잡한 모형(수식의 모임)을 만들면 계산에 걸리는 시간과 비용이 불어나기 마련이다.

그렇다고 그것들이 시뮬레이션 고유의 문제는 아니다. 회귀 분석이든 비교 실험이든 분석 결과가 '연구자의 솜씨'와 무관하지 않기 때문이다. 만병통치약은 없다는 말이다.

결국 '우수한 방법'과 '열등한 방법'이 있다기보다는 '우수한 연구'와 '그렇지 않은 연구'가 있을 뿐이다. '재미있고' 심지어 '중요한' 연구 질문을 찾아 그 테마에 맞는 방법을 잘 활용할 수 있다면 그것은 우수한 연구다.

그러면 무엇을 가지고 '재미있고', '중요한' 테마라고 정의할까. 그것은 자기 자신의 머리와 취향으로 정할 수밖에 없다.

원하는 걸 모르는데 그것을 손에 넣을 수는 없지 않은가.

제6장

Estimating the Innovator's Dilemma | Step 1: Demand

'딜레마'의 해명
-1단계…수요

지금까지의 요약

전반 5장이 끝났으니 이번 장은 전체 11장으로 구성된 이 책의 중간 지점에 해당한다. 지금까지 살펴본 내용을 되짚어보자.

• 1장에서는 이 책의 전체적인 그림을 그렸다.

기술의 세대 교체와 함께 선두 기업의 면면도 바뀌어가는 '창조적 파괴'의 프로세스.

신기술이 번성하고, 신규 기업이 연이어 뛰어드는 상황에서, 기존 기업은 '앞으로 가도 지옥, 뒤로 가도 지옥'이라는 어려운 결단을 눈앞에 두고 있다.

그러한 '이노베이터의 딜레마'를 제대로 해명하기 위해서는 기본
지식으로 세 가지 이론과 세 가지 실증 방법을 알아둘 필요가 있다.

• 2, 3, 4장에서는 기존 기업과 신규 기업 각각에게 이노베이션의 의욕과 능력
  이 어떤 구조로 구성되는지를 검토했다. 구체적으로는,

① 자기잠식
② 선점하기
③ 능력 격차

라는 세 가지 이론적인 착안점을 소개했다.

• 5장에서는 실증분석의 마음가짐과 방법을 가볍게 다뤄보았다.

① 회귀 분석
② 비교 실험
③ 시뮬레이션

이라는 세 가지 실증 방법이 그것이다. 데이터 속에 있는 '상관관계'
와 우리들 머릿속에만 있는 '인과관계'를 혼동하지 말 것. 그리고 인과
관계의 내용을 상세하게 설명하기 위해서는, '눈에 보이지 않는 것을
측정'한다든지 '이론의 보조선을 긋는' 것과 같은 사고를 소개했다.

이것으로 준비 완료다.

- 6, 7, 8, 9장의 초점인 '왜 기존 기업의 이노베이션은 늦어지기 마련인가?'에 대해 본격적인 실증분석과,
- 10, 11장의 '그렇다면, 어떻게 해야 할까?'라는 이야기

로 떠나기 위한 기초지식을 여러분은 이미 배운 것이다.
자, 여기서부터 본격적인 내용이 시작된다.

크리스텐슨의 나이스 어시스트!

아침식사용 시리얼에서 우주정거장 탈출 캡슐까지, 1장부터 5장까지는 동서고금의 사례를 들어왔으나, 이 모두를 '본격적으로 실증분석'하려면 끝이 없다. 책의 지면은 유한하며, 나와 여러분의 시간도 유한하다.

그래서 '대표 사례'로 예전에 크리스텐슨이 '이노베이터의 딜레마'의 경영사를 이야기할 때 메인으로 등장한 하드디스크 드라이브[HDD] 업계에 초점을 맞추자.

그의 방법은 주로,

- 업계 관계자와의 인터뷰
- 업계 리포트의 해독

이었으나, 이 책에서는 더 나아가 다음과 같은 아이디어를 더해본다.

- 같은 업계 리포트집을 23년치(1977년 호~1999년 호)를 입수해, 빠짐없이 해독한 뒤에, 수리데이터화 한다.
- 그것을 처음부터 끝까지 일관된 방법으로 분석하기 위해 경제학의 이론과 실증 방법을 구사해서 '자기잠식', '선점하기', '능력 격차'라는 세 가지 요소를 실제로 측정한다.

HDD 등과 같이 과거의 유물이 되어 가고 있는 업계에 대해, 또한 20년 전에 이미 연구된 역사적 사례에 대해, 이제 와서 '다시' 연구하는 것이 의의가 있을까?

답은 YES다. 실험용 기니피그나 완두콩, 초파리에 열정을 쏟아 붓는 사람은 적을지도 모르지만, 실험의 성과로 개발된 의약품으로 인해 도움을 받는 사람을 많을 테고, 완두콩의 관찰에서 밝혀진 '유전의 메커니즘'에 대해 관심이 있는 사람도 많을 것이다. HDD 업계는 우리들에게 '초파리'인 것이다.

HDD 업계에는 좋은 조건이 세 가지 있다.

- 비교적 단기간(이라고는 해도 10년이나 20년)에 기술과 기업의 세대교체가 일어났다.
- '세대교체'의 정도가 딱 알맞다. (만약 이노베이션의 정도가 너무 작으면 재미있는 현상을 전혀 관측할 수 없다. 너무 커도 다른 업계까지 끌어들이기 때문에 전체적인 그

림을 파악할 수 없다.)

- '적당히 오래'된 사례이기 때문에 역사적 평가가 정립되고 있으나, '아주 오래 전'에 일어난 일이 아니기 때문에 관계자(전 경영자나 업계 리포트 작성자)들에 대한 취재가 지금도 가능하다.

그렇다면, 크리스텐슨이 이미 결론을 내린 이상의 무언가를 발견할 수 있다는 보장은 있는가?

그 대답도 YES다.

그의 방법은 취재와 언어에 의한 기술뿐으로, 좋은 의미로든 나쁜 의미로든 두루뭉술하다. '어째서 기존 기업의 이노베이션은 늦었던 것일까?' 하는 메인 질문에 대해서도,

'주요 고객이 흥미를 보이지 않았다'

'조직 내부의 정치 항쟁이 있었다'

'경영자가 들은 정보가 편협했다'

등 하나하나 세어보면, 10개 이상의 가설 혹은 논점이, 저서의 여기저기에 무작위로 흩어져 있다.

그러나, 그뿐이다.

현실의 다양한 측면을 지적하고 있는 것 같지만, '대답'이 뭐였는지 결국 두루뭉술하게 끝나버린다. 미지근한 결말이다.

이렇게 말하면 비판처럼 들릴 것 같다. 그러나 반대로 말하면, 크리스텐슨은 우리들을 위해 '재미있는 현상'과 '질문'을 찾아주었다고도 할 수 있다. 그리고 그는 본격적인 실증분석의 세 걸음 전 단계에서 논문과 저서를 발표해 줌으로써, 후세의 우리들을 위해 '유망한 연

구 테마'를 준비해 준 것이다. 달리 비꼬려는 것은 아니다. 이러한 경영사 연구는 경제학자에게 있어 상당히 고마운 일이다.

다행히도 나는 마지막 세 걸음에 해당하는 '이론에 기인한 실증분석'의 전문가여서, 이 테마를 경제학적으로 규명할 수 있다.

경제학적으로 충분히 검토한다면 '딜레마'의 메커니즘을 포함한 많은 것들이 저절로 밝혀질 것이다.

그리고 어느 정도 사태가 명확해지면 '이제 어떻게 해야 할까?' 하는 다음 질문에 대해서 더욱 넓은 안목으로 답할 수 있다.

그것은 경영학과 경제학의 행복한 분업이다. 촌스러운 소재와 세련된 조리법을 연결함으로써 새로운 지식이나 사물을 보는 방법이 생겨난다. 나는 그런 연구를 좋아한다.

분석의 절차(6장~9장에서 헤매거나 지친다면, 10장으로 갈 것)

설명은 이 정도로 하고 일단 본론으로 들어가자. 실증분석의 큰 줄기는 1장에서 소개했지만 다시 한 번 정리하면 다음과 같은 순서가 된다.

- 1단계 - 자기잠식(이론 ①)의 정도를 측정한다 = 수요측면(수요 함수)의 추정
- 2단계 - 선점하기(이론 ②)의 원인을 측정한다 = 공급측면(이익 함수)의 추정
- 3단계 - 능력 격차(이론 ③)을 측정한다 = 투자 비용(매몰 비용)의 추정

'○○함수'라든지 '추정'이라든지 어려운 용어가 밀려들어 갑자기 머릿속이 혼란스럽겠지만, 순서대로 설명할 예정이므로 지금 여기서 달달 외우지 않아도 큰 문제는 없다.

이미지는 피라미드나 타워맨션과 같은 고층건물을 연상해주길 바란다.

측량한 뒤, 땅을 파서 기초를 다지고, 비계를 만들어 골격을 세운 다음 건축자재를 사용해 구축한 구조물이 점점 위를 향해 올라가는 이미지와 같다. 신기하게도 이러한 방법을 **구조 분석**^{structural analysis}이라고 한다. 이론과 실증을 융합한 방법이다.

구체적으로는,

- 6장(이번 장)에서는 1단계(자기잠식~수요)
- 7장에서는 2단계(선점하기~공급)
- 8장에서는 3단계(능력 격차~투자)의 준비로써 '투자'에 대해 생각한다.
- 9장에서는 3단계의 본격적인 내용과 이전 단계의 모든 결과에 근거한 시뮬레이션 분석(4단계)을 진행하고 '이노베이터의 딜레마의 해명'이라는 당면 과제를 매듭짓는다.

이들 단계를 따라가다 보면 이론에 근거한 모형(수식)을 데이터에서 끌어낼 수 있을 것이며, 그렇게 해서 완성된 '실증 모형'을 미니어처처럼 꾸며서 가상 시나리오를 시뮬레이션할 수 있게 된다. (도표에 있는 피라미드의 4번째와 5번째에서는 그러한 가상 시뮬레이션이 진행되나, 그것은 좀 더 나중이므로 현 단계에서는 물음표로 표기했다.)

도표 6-1 | 세 가지 연구 단계

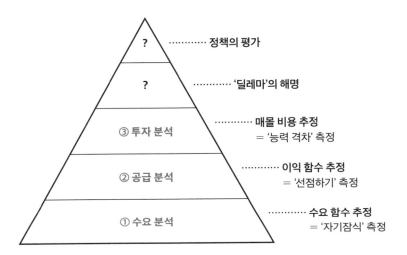

1~5장과 비교해 본격적이다. 이른바 '이런 개념도 있습니다~' 하고 말하는 입문 수준의 경제학 용어의 소개가 아니라, 여기서부터는 세계 최첨단 연구에 발을 들여놓기 때문이다. 심지어 한 걸음 한 걸음이 지난할 것이다. 커다란 돌덩이를 짊어지고 하나씩 정성껏 쌓아가지 않으면 '제대로 된' 피라미드를 세울 수 없다.

그래서 이 책의 전반을 힘들이지 않고 읽어온 독자라도 6~9장이 험한 등반처럼 느껴져서 도중에 정신줄을 놓아버릴 수도 있다. 충분히 이해한다.

그럴 때는 눈치 볼 것 없이 바로 10장으로 넘어가길 바란다.
그곳에는 피라미드가 다 지어진 후의 풍경이 그려져 있다.

피라미드 속이 어떻게 되어 있는지, 그곳에 어떤 보물과 함정이 도사리고 있는지가 궁금해지면 그때 스르륵 넘겨서 다시 읽으면 된다. 그런 의미에서 6~9장은 '필수 과목'이 아니라 '선택 과목'이다.

그러나 거꾸로 만약 당신이 피라미드의 설계도와 건축프로세스, 그 설계 과정이나 건설 중에 일어난 사고에도 흥미가 있다면 목차를 보고 궁금한 곳만 골라서 읽으면 된다. 이 책의 '머리말'에서 선언한 '경제학의 진수'는 연구의 '결론'이 아니라 오히려 '과정'의 한 걸음 한 걸음에 체현되어 있기 때문이다.

결론만 말하는 건 누구나 할 수 있다.

근거가 없어도 말할 수 있다.

참고로 '본격적인 구조 분석의 교과서'는 이 세상에 존재하지 않는다. 그러한 분석의 실제 예를 정성껏 해설한 일반서도 전무하고, 일본어는커녕 영어로도 (그리고 아마 스페인어든 프랑스어든 중국어든) 나온 책이 없을 것이다.

그래서 6~9장의 내용을 읽을 수 있는 것은 세상에서 유일하게 이 책을 읽고 있는 여러분뿐이다.

1단계: '자기잠식'의 정도를 측정하자!

의욕과 홍보는 이쯤에서 끝내고, 일단 첫 번째 이론, 즉 '자기잠식'의 정도를 측정해보자.

……라고는 했지만, 실제로 어떻게 해야 할까?

자기잠식이란 2개 이상의 동일회사 제품이 경쟁하면서 사는 쪽(수요)을 뺏고 빼앗기는 것을 말한다. 그렇다면 제품끼리의 '경쟁의 정도'를 데이터에서 측정할 필요가 있을 것 같다.

2장에서 배운 대로 경쟁의 정도가 높은 것은 제품 간의 '대체성'이 클 때, 즉 2개 이상의 제품이 '동질적인 재화'에 가까운 경우다.

반대로 신제품과 기존 제품이 유사성 없이 차별화되어 있는 '차별화된 재화' 간의 대체성은 적다. 같은 고객을 두고 경쟁하는 빈도도 낮다. 신제품을 투입하더라도 기존 제품의 매출이나 이익은 크게 변하지 않을(자기잠식을 하지 않을) 것이다.

따라서,

- '자기잠식 정도'를 측정='수요의 대체성'(제품 간의 차별화 정도)을 측정

하는 것이 된다. 이를 위한 지표로 알기 쉬운 것은 '신제품이 가격을 낮췄을 때 기존 제품의 판매량은 얼마나 감소할까', 혹은 '기존 제품이 가격을 낮췄을 때 신제품의 판매량은 얼마나 감소할까'를 수치화한 것이다.

구체적으로는, '경쟁 제품이 가격을 1% 낮췄을 때, 자기회사 제품의 판매량이 몇% 감소할까'를 측정하는데, 그것을 **수요의 (교차)탄력성**이라고 부른다. 가령 '신제품이 가격을 1% 낮춘 결과로 기존 제품의 판매량이 2% 감소한다'고 한다면, '신·기존 제품 간의 수요 탄력성은 2(=2%÷1%)'가 된다.

대략적인 기준으로는, 탄력성이 1이나 2를 넘으면 '탄력적이다'(상

당히 경쟁하고 있다)라고 간주하며, 1 미만이면 '비탄력적'이라고 판단한다. 그리고 '탄력성 제로'라면, 확실히 두 제품은 무관하므로 애초에 '같은 시장에 나와 있는 경쟁 제품'이 아닐지도 모른다.

가령 이 책의 가격이 20% 내려가도 마트에서 파는 이탈리아산 토마토통조림의 매출에 영향을 줄 가능성은 전무할 것이다. 처음부터 경쟁하는 관계가 아니었기 때문이다. 그러나 만약 이 책의 전자책을 20% 싸게 판다면 이 책의 종이책 매출은 감소하지 않을까. 내용은 거의 동질적인 재화이기 때문이다.

물론 세상에는, '경쟁 제품이 가격을 내리자 어쩐 일인지 우리 제품의 매출이 늘었다!'고 하는 이상한 일도 있다. 가령,

- 이 책의 전자책의 가격을 내린 결과, 전자책 매출이 증가한다.
- 새로운 독자가 증가한다.
- 그러나 이 책처럼 '순서에 상관없이 앞뒤로 오가며 읽을 수 있는 책'을 전자책 리더기로 읽는 것은 의외로 불편하다.
- 결과적으로 전자책을 읽던 새로운 독자가 종이책도 구입한다.

위와 같은 일이 일어나면, '전자책 가격을 내린 결과, 종이책의 매출도 상승'한다 하더라도 이상할 게 없다. 그러나 그런 상황의 분석은 성가시다. 진지하게 분석하려면 아마도 추가 이론과 데이터가 필요하게 될 것이다. 이 책의 테마와는 직접적인 관련이 없으므로 그러한 특수 사례는 생략하자.

본론으로 돌아와, '탄력성을 측정'한다는 것은, 다시 말해 '가격과

판매량의 인과관계를 측정'하는 것이다.

수요의 탄력성(이라는 인과관계)을 데이터에서 측정하려면?

이와 같은 이유로 '자기잠식의 정도를 측정'하는 것은 '수요의 탄력성', 즉

• 제품의 가격(P:Price의 약자)과 판매량(Q:Quantity의 약자)의 관계

를 조사하는 것과 다름없다.

이렇게까지 쉽게 설명했으니, 5장에서 배운 실증 방법을 이용하면 어떻게든 될 것 같다.

초보적인 데이터 분석으로 HDD 제품의 가격(P)과 판매량(Q)을 '산포도'로 만들어보면, 이 두 개의 변수의 관계가 떠오를 것 같다.

그리고 Q를 P에 '회귀 분석'하면 둘의 관계가 통계적으로 확실해지지 않을까?

맞다. 그러나 틀렸다.

P와 Q의 산포도와 회귀 분석을 쓰면 이 둘의 관계는 분명 밝힐 수 있을 것이다. 그래서 발상의 방향성만 보면 맞다고 할 수 있다.

그러나 그 관계는 '상관관계'이지 '인과관계'가 아니다. 그래서 단순한 회귀 분석만으로는 진짜 인과관계는 불명확한 상태로 남게 된

다. 그런 의미에서는 틀렸다고 할 수 있다.

'상관관계만 측정할 수 있다면 그것이 인과관계든 아니든 상관없다?'

안타깝지만 그것도 잘못된 생각이다. 우리들이 알고 싶은 '수요의 탄력성'이란 'P가 내려갔을 때 (그 결과로) Q가 어떻게 변화하는가'를 가리키는 설정이다.

어디까지나 P와 Q 사이의 인과관계를 알아야 할 필요가 있다.

일반적인 회귀 분석(여기에서는 많은 통계 방법·기계 학습을 포함한 '좁은 의미의 데이터 분석' 전반을 가리켜 이렇게 부르기로 한다)만으로는 아무리 애써봤자 상관관계밖에 알 수 없다.

이럴 때를 위해 계량경제학에는 몇몇의 고급 기술이 준비되어 있다.

그 하나가 **'도구 변수법'**이다. 이 책은 계량경제학 교과서가 아니므로, 상세한 것은 책 말미의 독서안내에 올린 책들을 보고 배웠으면 좋겠지만, 일단은,

- 'P도 Q도 아닌, 제3의 변수 Z'가 존재하고,
- 그 Z가 특정 조건을 충족시키고 있다.

는 경우에 한해 그 제3의 변수 Z를 이용해 'P와 Q의 인과관계'에 다가설 수 있다. 그 '조건'이란,

- Z가 'P와 Q의 양쪽이 아닌 둘 중 한쪽하고만' 강한 관계를 가지고 있다.

는 것이다. 이러한 Z를 **'도구 변수'**라고 부른다. 이것을 활용한 통계 분석, 가령 **'2단계 최소제곱법'**[13]을 사용하면 P와 Q의 인과관계가 퍼 즐처럼 풀린다. 도구 변수는 인과관계의 데이터 분석에 있어 무척 귀 중한 존재다.

그렇게 편리한 '제3의 변수'가 항상 굴러다닐 리가 없다. 또한 만약 손에 넣었다하더라도 그 변수가 정말로 '특정 조건'을 충족시키고 있 을지 없을지는 알 수 없다. 그것은 데이터의 유무라고 하는 현실적인 장벽뿐 아니라 '우리들의 머릿속에 있는(그리고 머릿속에밖에 없는) 인과 관계의 스토리'라고 하는 상상력의 문제이기도 하다.

도구 변수가 데이터 안에 포함되어 있는지 없는지, 그것이 정말 도 구 변수다운 자격을 충족하고 있는지 아닌지는 데이터 분석에 있어 상당히 높은 장벽이다.

다행히도 내가 입수한 HDD 시장의 데이터에는 신·기존 제품 각 각의 P와 Q만이 아니라, '편리한 제3의 변수' Z도 포함되어 있었다. 그것에 대해 지금부터 이야기하려 한다. 하는 김에 HDD 시장의 데이 터와 역사도 조금 자세히 살펴보기로 하자.

미가공 데이터를 살펴보자: 신·구 HDD 제품의 가격(P)과 판매량(Q)

---

[13] method of least squares, 관측과 이론적으로 예상되는 관측치 사이에 생기는 편차의 제곱을 최소화해서 관측으로부터 상수를 결정하는 방법.

데이터의 출처인 업계 자료(리포트)는 1977년 호부터 1999년 호까지 있는데, 그중 이번 분석에 직접 관련된 것은 1981년~1998년이다.

그 기간에 일어난 '**5.25인치 HDD**에서 **3.5인치 HDD**로 세대교체'

도표 6-2 | 신·구 HDD 제품의 평균가격(P)과 판매량(Q)

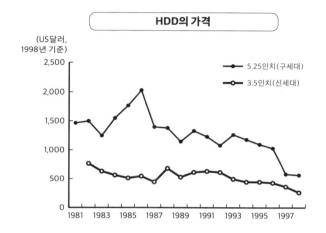

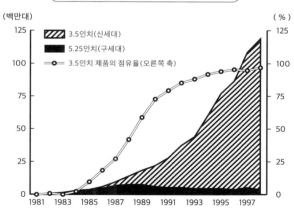

가 주역이므로, 전자를 **'기존 제품'**, 후자를 **'신제품'**이라고 부르기로 하자.

일단은 P와 Q에 해당하는 데이터인데, 도표 6−2는 매년 HDD 가격(세계 평균)과 HDD 판매량(세계 합계)이다. 위쪽 그래프가 나타내듯 HDD 가격(P)은 매년 하락하고 있는 한편, 아래쪽 그래프가 가리키는 HDD 판매량(Q)은 폭발적으로 증가하고 있다.

컴퓨터가 처음으로 일반에게 발매되기 시작한 것은 1981년이다. HDD(5.25인치와 3.5인치)는 컴퓨터의 주요 부품 중 하나로 역사는 여기에서 시작되었다. 당초는 실리콘밸리의 마니아용 장난감에 지나지 않았던 컴퓨터였지만, 90년대에 들어서면서 많은 기업과 정부기관에 보급되었고, 인터넷의 등장과 마이크로소프트사의 윈도즈 95(컴퓨터를 직감적으로 조작하기 위한 소프트웨어)의 발매를 계기로 일반 가정에까

도표 6-3 | 신·구 HDD 제품의 성능(1개당 기록용량)

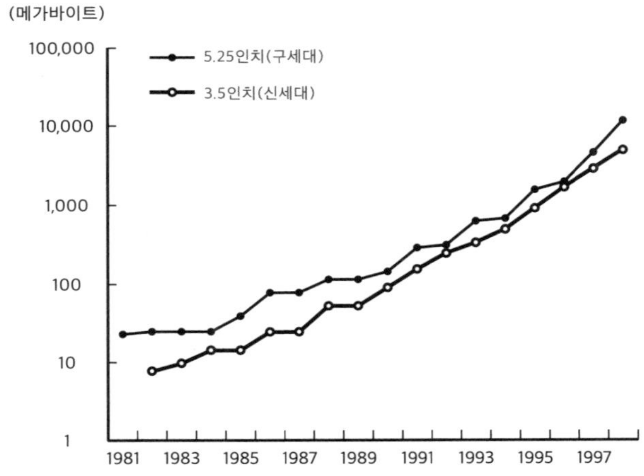

지 확산되었다.

가격의 하락은 제조 기술의 진보를 반영한 것이다. '반도체칩의 성능이 18~24개월마다 두 배가 된다'라는 유명한 '무어의 법칙'(이라는 이름의 경험 법칙)이 있는데, 마찬가지 경험 법칙으로 HDD 업계에는 '크라이더 법칙'이 있다. 이른바 'HDD의 정보기억 용량은 12개월마다 두 배가 된다'고 하는 것이다.

HDD의 구조는 이렇다. 자성을 띠는 대량의 입자를 알루미늄이나 유리로 된 원반(디스크)에 부착시켜, 그 입자 하나하나가 N극을 향하고 있는지 S극을 향하고 있는지에 따라 디지털정보(0과 1의 이진법으로 표현한 것)를 기록해 둔다.

이 '대량의 자기 입자'를 좀 더 고밀도로 부착시키면 같은 원반 위에 더욱 많은 정보를 보유할 수 있다. '고밀도로 부착'시키기 위한 기술 개량은 업계 전체에서 진행되었고, 그 성과로 '크라이더 법칙'이 생겨났다.

덕분에 HDD의 주요 재료인 '자기 디스크'의 성능은 매년 향상되었고, 비용은 점점 감소했던 것이다.

'편리한 변수' HDD 부품비용(Z)을 사용해 '도구 변수법'에 도전

자, 우리가 알고 싶은 것은 'P와 Q의 인과관계'지만, 이를 위해서는 'P와 Q 중 한쪽하고만 강한 관계를 가지고 있는' 도구 변수 Z가 필요하다. 그런 편리한 데이터가 있을까?

　……있었다.

'크라이더 법칙'까지 들먹이며 설명한 대로 HDD 가격(P)은 HDD 부품비용(Z)과 맞물려 하락했다. 그리고 '매년 거의 확실하게 내려가는 HDD 부품비용'(Z)은 HDD 판매량(Q)과는 직접 관계가 없다.

하긴 엄밀하게 따지면 Z와 Q에 대해서도 '실은 두 사람은 몰래 사귀는 거 아냐?'(부품비용의 하락은 매출 대수의 증가에 의해 가능해진 면도 있지 않은가?) 하는 식으로 의심을 시작하면 끝이 없으니 그 정도 '어른들의 사정'은 생략하기로.

이제, HDD 부품비용(Z)은 도구 변수가 될 자격이 있다. 이것을 사용해 2단계 최소제곱법 등의 **'신중한 회귀 분석'**을 진행하면 P와 Q의 인과관계, 즉 수요의 탄력성을 측정할 수 있다.

'가격이 비싸면 그다지 팔리지 않는다'고 하는 경제학의 기본 **'수요의 법칙'**을 현실의 데이터에서 도출할 수 있게 되는 것이다.

위와 같은 (신중한) 회귀 분석에서 알게 된 사실은,

- 신제품(3.5인치)과 기존 제품(5.25인치) 사이에는 상당한 대체성이 있다.
- 구체적으로는 신제품 가격을 1% 내리면 기존 제품을 사는 사람이 2.3% 감소한다.

즉 '신·기존 제품 간 수요의 탄력성은 2.3'으로 판명되었다.

이상이 실증분석의 1단계에 해당하는, '자기잠식' 정도의 측정, 다시 말해 수요의 추정이다.

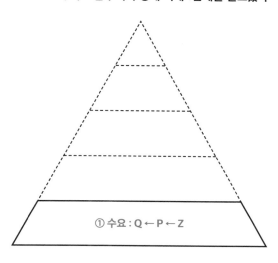

① 수요 : $Q \leftarrow P \leftarrow Z$

'신·기존 제품 간의 대체성이 높으니까' 자기잠식으로 인한 '치환 효과'가 발생해도 이상할 게 없다. 그렇게 되면 앞으로 2단계와 3단계를 완료해, 모형 전체에 살을 붙이고 나서, '만약 치환효과가 존재하지 않으면, 기존 기업의 이노베이션은 어떻게 되었을까?'라고 하는 가상 시나리오를 시뮬레이션 해볼 가치가 있을 것 같다.

전문적인 보충(무시하고 7장으로 넘어가도 무방함)

'수요의 추정'에 대해 상급자(경제학을 전공하는 학생이나, 그 이상의 지식이 있는 분)를 위한 보충 설명을 하겠다.

첫 번째, 이 장에서 '수요의 탄력성'이라고 부르고 있는 것은, 주로 두 제품 간의 가격의 '교차탄력성'이다. 군데군데 단순히 'P와 Q의 관계'라고 말하고 있어 가격의 '자기탄력성'과 헷갈릴 수도 있지만, '자기잠식'과 관련해 나오는 것은 '교차탄력성'이다.

두 번째, 신·구 세대의 HDD는 '품질'(기억 용량과 신뢰성)과 '크기'(디스크의 직경이 5.25인치와 3.5인치)라고 하는 두 가지 면에서 '차별화된 재화'이므로 엄밀히 분석하기 위해서는 '차별화된 재화의 수요'에 대한 수리모형이 필요하다.

내가 실제로 사용하고 있는 것은 '로짓 이산선택모형'logit discrete choice model 이라고 불리는 분석도구다. 1970년대에 캘리포니아대학 버클리캠퍼스의 대니얼 맥패든Daniel L. McFadden이 기초를 다진 것으로, 그 공적으로 2000년 노벨경제학상을 수상했다.

'차별화된 재화'의 수요 분석 방법은 1990년대 이후, 실증산업조직론의 대표적인 도구가 된다. 2장에서 나왔던 '수평 차별화'와 '수직 차별화'를 전부 한꺼번에 집어넣은 수식을 준비해 현실의 데이터와 대조하는 것을 가능케 했다.

서구의 '독점규제법' 당국이 M&A의 심사를 할 때도 최근 이러한 전문적인 실증분석이 쓰이게 되었다.

이들 방법을 개발하고 있는 것은 하버드대학의 아리엘 페이커스나, 예일대학의 스티븐 베리와 필립 헤일 및 그의 제자들이다. 현재도 그들이 중심이 되어,

- 더욱 현실적인 데이터 상황을 마련하기 위해 이론과 방법을 확장하거나,
- 좁은 의미의 '산업'뿐 아니라 교육, 의료, 노동이라는 경제학 각 분야로 응용,

• 일반론으로서 어떤 데이터 상황이라면 모형을 '식별'할 수 있을까,

등의 연구가 다방면으로 활발히 진행되고 있다.

이 분야의 노벨경제학상 수상이 확실시되고 있다지만, 경제학 전공의 대학생이나 대학원생이라도, '산업조직론'이나 그 최첨단의 실증 방법에 대해 연구한 적이 있는 사람은 한줌 정도밖에 되지 않을 것이다. 응용 범위가 지극히 광범위해 기회가 있는 분은 지금 많이 보아둘 가치가 있다.

제7장

Estimating the Innovator's Dilemma | **Step 2: Supply**

'딜레마'의 해명
- 2단계…공급

현실의 HDD 시장을 무대로 한 '이노베이터의 딜레마'의 해명 작업이 시작됐다.

- 앞서 기존 기업의 발목을 잡는 '자기잠식'이라는 개념을 측정하기 위해 신·기존 제품 간의 대체성, 즉 '수요의 탄력성'을 데이터에서 '신중하게 회귀 분석'했다. 이것이 1단계이다. 수요의 추정은 많은 실증분석에 있어 기초 부분에 해당한다.
- 이번 장에서는 2단계로 넘어간다. '자기잠식'과는 반대방향으로 작용하는 '선점하기'의 실증분석이다.

3장에서 소개한 게임이론을 실증 모형의 테두리 속에 넣는다는

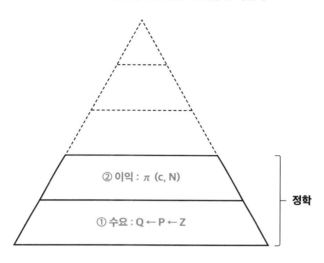

도표 7-1 │ 2단계에서는 공급 측면을 분석한다

② 이익 : $\pi\,(c, N)$

① 수요 : $Q \leftarrow P \leftarrow Z$

정학

것이다.

이것 역시 어려워 보이지만, 한 걸음씩 절차를 밟아 가면 괜찮다. 그래도 불안하다면 3장을 휘리릭 넘겨보시라. (모두 다 귀찮은 분들은 10장으로 넘어가자.)

'선생'이 무관심하거나 혹은 경쟁 상대가 없는 경우

일단 '선점하기'의 유혹이 애초에 어디서 기인하는지를 생각해보자.

가령 자사의 이익이 100억 엔이라고 할 때, '경쟁기업이 있든 없든', '신제품을 판매하고 있는 라이벌이 1개사든 5개사든 10개사든'

자사의 이익이 변함없이 100억 엔 그대로라면?

극단적인 경우지만(사례 A라고 하자), 이러한 경우 '선점하기를 할까 말까'에 대해 고민할 필요가 있을까. 나츠메 소세키의 소설《마음》에서 주인공인 선생처럼 '마지막 결단'이 필요할까?

아니 그런 결단은 필요 없다.

경쟁 상대의 숫자나 그들의 신제품 투입 상황에도 불구하고 자사가 항상 같은 이익을 내고 있다면 라이벌에게 선수를 치는 일 따윈 생각할 필요가 없다.

원작 소설에서는 삼각관계에 고민하던 선생이,

- 만약 하숙집 딸을 개밥에 도토리 취급하며 무관심했을 경우,
- 혹은 라이벌인 K가 딸에게 고백하든, 사귀든, 결혼을 하든, '마지막은 자신이 딸의 마음을 빼앗아 해피엔딩이 될 것이다'라는 확신에 찬 무적無敵의 특성이 었을 경우,

를 상상해 보라. K보다 먼저 딸에게 수작을 걸 필요 같은 건 어차피 없다. 그렇게 되면 소설은 재미없어지지만, 어쨌든 '선점하기'의 유혹은 제로가 된다.

그렇다면 반대로, 또 다른 하나의 극단적인 경우로(사례 B라고 하자),

- 라이벌 기업이 신제품을 투입한 순간 자사가 즉사한다(이익이 사라져 순식간에

제로가 된다)면?

- 혹은 자사가 먼저 이노베이션에 성공하면 즉시 라이벌을 전원 폐업으로 몰아
갈 수 있다(라이벌의 이익이 제로가 된다)면?

이 경우는 이노베이션의 '타이밍에 고심'할 때가 아니다. 오히려 한시라도 빨리 서둘러 신제품을 투입하는 방법 외에 살아남을 길은 없다.

- 사례 A: 라이벌의 동향이 전혀 자사의 이익에 영향을 주지 않는다
  → 선점하기 유혹 제로
- 사례 B: 라이벌의 동향에 따라 자사의 생사가 결정된다
  → 선점하기 유혹 최대

라고 하는 양극단의 경우다. 일단 이렇게까지 극단적인 상황은 현실에서는 드문 일이어서, HDD 시장을 포함한 현실의 많은 사례는 이 양극단의 중간 어디쯤에 해당할 것이다. '진리는 중도에 있다'고 한다.

'선점하기'의 유혹은 어디에서?

그렇다면 실증분석의 역할은
'현실의 HDD 시장이 구체적으로 중간의 어디쯤에 있는 걸까'
를 찾는 일이다. 좀 더 자세하게 말하면,

'라이벌의 존재 여부나 라이벌에 의한 신제품 투입의 유무에 의해 각 기업의 이익이 얼마나 변화하는가',

그 증감의 정도를 데이터에서 규명하고 수치화해야 한다.

중요한 포인트이므로 과제를 명확하게 하기 위해 말을 바꿔 다시 설명한다.

- '선점하기의 원인'을 측정한다 = '라이벌 기업수(및 각사의 신기술 도입 상황)가 개별 기업의 이익에 미치는 영향'을 측정한다.

고 하는 작업이다. 이번 장의 주역은 이 두 가지 변수이므로 확실하게 기억해두자.

- 기업수를 N(Number of firms의 앞 글자를 따서),
- 개별 기업의 이익을 π(파이)라고 부르기로 하자.
  (Profit의 앞 글자 P는 이미 나왔으므로 그리스 문자에 해당하는 π로 대체. 원주율 3.14 와는 무관하다.)

그래서 '선점하기'를 측정하기 위해서는, 'N과 π와의 인과관계'를 실증해야만 한다. 여기까지 오면 3장에서 말한 '불완전경쟁'의 이론이나, 5장에서 말한 실증 방법과의 관계가 조금씩 보이기 시작하지 않는가.

용의자 꾸르노와 베르뜨랑을 취조한 결과

'불완전경쟁' 이론은 '복수의 주요 플레이어'가 전략적으로 경쟁하는 상황(현실의 많은 시장)을 근거로 하기에 좋은 짜임새다.

그 대표적인 예로, 19세기에 활약한 2명의 프랑스인 수학자, 꾸르노와 베르뜨랑의 세계관을 소개했던 것을 기억하는가?

꾸르노(수량) 경쟁과 베르뜨랑(가격) 경쟁. 어느 세계관을 채용할지에 따라 'N과 π와의 인과관계'에 대한 이론적인 예측도 달라진다.

그렇다면 그 예측이 '제품 간의 차별화 유무'(동질적인 재화인지 차별화된 재화인지)에 따라서도 영향을 받는다고 한 이야기도 기억하는가?

지금 여기서 잠시 3장의 도표 3-3(p.83)을 펼쳐보시라.

도표에서 정리한 대로 '경쟁 타입'과 '제품 차별화 정도'에 의해 개별 기업의 이익(π)과 라이벌 수(N)의 관계성이 확실하다.

- 꾸르노의 세계에서는 라이벌(N)이 증가하면 이익(π)이 서서히, 완만하게 감소했다.
- 베르뜨랑의 세계에서는 라이벌(N)이 1명이라도 있으면 이익(π)이 순식간에 제로로 격감했다(동질 재화 사례).
- 같은 베르뜨랑 모형이라도 차별화된 재화의 경우는 꾸르노 모형과 비슷한 (완만한) 형태의 '이익 함수'가 된다.

'이익 함수'라고 쓰면 지면이 좀 무겁게 느껴지지만 π는 N의 함수(N의 값에 따라 변하는 것)라고 생각하는 게 자연스러우니까, π(N)라고 표기해도 좋다'고 하는 정도의 취지다.

우리들은, 'N이 증가하면 π가 얼마나 감소(혹은 증가)하는가'를 측정하고 싶다. 바꿔 말하면, '이익 함수 $\pi(N)$의 형태'를 추정하고 싶다. 그것이 바로, 'π와 N의 인과관계'를 조사하는 작업이다.

그렇다면, 실제 HDD 제조사의 '이익과 경쟁도'에 대해서는 어떻게 생각하면 좋을까? 세 가지 판단 재료를 검토해보자.

첫 번째, '꾸르노(수량) 경쟁인지, 베르뜨랑(가격) 경쟁인지' 하는 점은 일률적으로 정할 수 없다. 당연한 말이지만, 현실의 기업은 '수량'과 '가격'의 양쪽에 대해 매일 어떠한 판단을 하고 있을 테고, 이 외에도 많은 일들을 처리하고 있다.

그들 모두를 포함한 수식(모형)을 만드는 일은 쉽지만 무의미하다.

이론 모형은 현실 세계의 각기 다른 측면이나 상황에 초점을 맞춘 다음에, 사물의 관계를 수학적으로 단순화한 것이다. 그러고 나서야 비로소 나타나는 메커니즘이라는 것이 있고, 우리들은 그것을 찾으려 하는 것이다.

그래서, '수리 모형은 현실적이지 않다'라고 하는 지적은, 공식적 분석의 목적을 착각하고 있다.

'자신이 가장 원하는 것이 무엇인지 모르는 녀석은 원하는 걸 절대 손에 넣을 수 없다'고 하는 점을 5장에서 강조했지만, 모델링(모형화)이란 그야말로 '원하는 것 이외의 것을 덜어내는' 작업이다.

꾸르노 이론과 베르뜨랑 이론 중에 어느 쪽이 일반론으로 옳다든지, 틀렸다든지 하는 문제가 아니다. 어느 쪽 도구를 사용해야만 하는

지는 연구 목적(질문)과 상황 증거(업계 사정)의 쌍방을 주시하면서 종합적으로 판단해야만 한다.

우리들의 실증분석의 파트너에 적합한 것은 꾸르노일까, 아니면 베르뜨랑일까? 지금 당장은 결정타가 빠져 있으니 판단을 보류하고, 다른 재료를 자세히 조사하자. 2명의 프랑스인의 처우에 대해서는 그 후 다시 검토해보기로 하자.

제2의 판단 재료인 '제품 간의 차별화 정도'에 대해서는 다음 두 가지 측면을 지적하고 싶다. 일단 신제품(3.5인치 HDD)과 기존 제품 (5.25인치 HDD)이라고 하는 제품 규격은 '차별화'되어 있다. 6장에서는 데이터를 이용해 양자 간의 차별화 정도(수요의 탄력성)를 추정해보았다.

한편, 제조사 간의 제품 차별화는 그다지 현저하지 않다. 일단 3.5인치와 5.25인치라고 하는 제품 카테고리 내부에 주목하면 각 회사가 제조, 판매하고 있는 HDD 제품은 비슷비슷하다. 즉 신제품과 기존 제품 모두 카테고리 내에서는 '동질적인 재화'에 가깝다.

HDD 1대당 기록 용량(1990년대 당시 HDD의 용량은 메가바이트이든 지 1기가바이트였다. 2018년 현재는 5테라바이트, 10테라바이트까지 향상되었다)에는 다양한 수준이 있는데, 선두 제조사들은 어디든 비슷한 제품 라인업이었다. 결국 모두 같은 것을 팔고 있었다.

컴퓨터에 관련된 많은 제품이 그러하듯이, 1980년대 중반에 업계 표준 제품 사양이 일단 정해지자 HDD도 '일상화'되었다. 요컨대 개별 브랜드에 따른 차별화의 여지가 적은 범용품이 되었다.

시게이트의 5.25인치 HDD와 후지쓰의 5.25 HDD는 켈로그의 콘플레이크와 카루비의 후르츠그래놀라처럼 서로 차별화되지 않았던 것이다. 한마디로 '개성'이 없다는 말이다.

마지막 세 번째 판단 재료로는, 당시 각 회사의 손익계산서와 같은 재무, 회계 정보를 보면,

- 특별히 이익이 나지 않는 제조사가 많지만,
- 10%~20%의 이익률을 달성하고 있는 회사도 여럿 있었다.

치열한 경쟁을 벌이고 있음에도, 아직 떡고물이 떨어질 여지는 남아 있었던 모양이다.

알았다, 범인은 꾸르노다!

……여기서 잠시 멈추고 다함께 생각했으면 좋겠다. 현재 갖추어진 재료는 다음과 같다.

- HDD의 제품 차별화는 한정적이다.
- 같은 제품 카테고리(동질 재화 시장) 내에 5개사나 10개사가 북적대고 있다.
- 각 회사는 나름의 이익을 내고 있다.

이들 상황 증거를 보면 잠시 제쳐두었던 '꾸르노 경쟁인가, 베르뜨랑 경쟁인가'라고 하는 논점에 대한 추리를 계속할 수 있을 것 같다.

둘 중 어느 프랑스인을 체포할 것인가.

'범인'은 꾸르노다.

즉, 꾸르노 경쟁 모형이 이 경우에는 적합하게 보인다.

- 동질 재화의 시장에,
- 2개사 이상의 제조사가 경쟁하고 있고, 나아가
- 나름대로 이익을 내고 있다

이 세 가지 사실을 모순 없이 설명할 수 있는 것은 꾸르노의 세계 관뿐이다. 만약 베르뜨랑의 설정을 적용했다면 HDD 제조사의 이익 은 제로가 아니면 안 된다.

아무래도 우리들은 꾸르노와 함께 가야 할 운명인 듯하다.

반복하지만, 수리모형은 현실을 단순화해서 논리적으로 분석하기 위한 도구다. 데이터 속의 기업이 일거수일투족 꾸르노의 상상대로 움직이는 것은 아니다. 그러나 HDD 업계의 '기업수(N)과 이익(π)의 관계'를 이해하는 데에는 나름대로 유익한 이론적 보조선 역할을 해 줄 것 같다.

그래서 '옳은' 이론이 있는 것이 아니라, '연구 목적'에 비추어 '유 익'하고 '편리'한 이론이 있을 뿐이다. 차를 운전할 때는 도로지도를, 전철로 갈 때는 노선도를, 등산루트를 정할 때는 지형도를 사용하는 것과 마찬가지다.

이 점을 잊으면 쓸데없는 논쟁에 인생을 낭비하는 꼴이 되고 만다. 아무쪼록 주의하길 바란다.

학설 그 자체나, 완성된 모형 자체에는 가치가 없다.

'어디서부터 현실을 분석할까'

시행 착오하는 모형화의 과정이야말로 진짜 귀중한 경험이다. 그 경험만이 우리들의 현실 인식을 예리하게, 이론에 대한 이해(망상력)를 깊게 해 줄 것이다.

진짜 '이익'을 계산하기 위해서는
진짜 '비용'을 알아야만 한다

프랑스인 수학자들의 취조에 약간의 시간이 걸리긴 했지만 꾸르노의 신병을 확보할 수 있었던 건 큰 수확이다.

수확? 어떻게 된 일인지 그 의미는 곧 밝혀진다.

자, 그렇다면 본래의 목표로 돌아가자. 우리들은 '선점하기'의 근본 원인을 찾고 있다. 그러기 위해서는 '이익과 경쟁(기업수)의 인과관계'를 확실하게 해둘 필요가 있을 것 같다.

또한 '경쟁'이라는 단어가 두루 사용되고 있지만, 상당히 추상적인 개념이고, 문맥에 따라 다양한 의미가 있다는 것에 주의하자. 여기에서는 '(거의) 동질의 재화를 제조, 판매하고 있는 라이벌 기업의 수'를 가리킨다.

'이익과 경쟁의 관계'를 생각할 때는, 우선 우리들의 세계관을 명확히 하지 않으면 나아갈 수 없다. 수요측면(사는 쪽)에게 있어 HDD

는 동질 재화인가 차별화된 재화인가. 그리고 공급측면(파는 쪽)의 경쟁 상황을 이야기할 때는 꾸르노 경쟁과 베르뜨랑 경쟁, 어느 쪽의 모형을 사용하면 좋을까. 앞 문장의 검토 결과,

- 수요측면, 즉 사는 쪽·소비자에게 (5.25인치, 3.5인치라는 규격의 차이를 빼면) HDD는 범용품, 즉 '동질적인 재화'이며,
- 공급측면, 즉 파는 쪽·생산자에게 있어 경쟁의 성격은 '꾸르노 적'(생산 계획과 매출 목표를 정하면 다음은 영업 사원에게 죽을힘을 다해 팔게 하는 경쟁),

이라는 구도에 도달했다.

'각 회사의 이익이 경쟁 상대의 수에 의해 어떻게 증감하는가'라는 '2단계'의 목적지에 도달하기까지 이제 얼마 남지 않았다.

'이익을 수치화'하기 위한 최후의 절차는 '생산·판매 비용'의 추리다.

왜 여기서 '비용' 이야기가 나올까? 그것은,

$$이익(\pi) = 수입(p \times q) - 비용(C)$$

이라는 중요한 방정식이 이 세상의 모든 비즈니스를 지배하고 있기 때문이다.

따라서 이익(π)이란 수입($p \times q$)에서 비용(C)을 뺀 것이다. 참고로 q가 소문자인 것은 여기서는 업계 전체의 판매량(Q)이 아니라 '개별 기업의 판매량'(q) 데이터가 필요하기 때문에 지면상에서 구별한 것

뿐이다.

이 중 '수입'에 대해서는 앞 장에서 '가격(P)과 판매량(Q)의 관계'가 판명되었으므로 '처리 완료'다.

한편, HDD 제조사가 생산·판매를 위해 지불하는 '비용'(C)의 분석은 '미처리' 상태다.

생산·판매 비용이 알고 싶다면 재무 회계 데이터를 들여다보면 해결되지 않을까? 조금 전의 프랑스인의 취조에서 'HDD 이익률'이 10%라든지 20%라고 하지 않았나? 하고 생각하는 분들도 계실 것이다.

정답이다. 하지만 틀렸다.

회계상의 '제조 원가'나 '판매·관리 비용'이라면 당연히 손익계산서에 기재되어 있다. 그러나 경제학자에게 회계 상의 수치는 (거의) 무의미하다.

'회계 상의 비용·이익'과 '경제학적인 의미에서의 비용·이익'은 다른 개념이기 때문이다.

전부를 설명하기엔 시간이 너무 많이 걸리므로 하나만 예를 들어보자.

'자본의 비용'은 눈에 보이지 않고 장부에도 기재되어 있지 않다는 이야기를 하고 싶다.

'돈이 들어오고 나가는 것'에 주목해보면, 장사·회사라는 것은,

- '경영자 자신의 돈', '다른 출자자(주주)의 돈' 혹은 '모르는 남의 돈'(이른바 은행이나 거래처에서 빌린 돈)과 같은 다양한 관계에서 **조달**한 자금을,
- 원재료나 부품 매입, 제품 재고, 공장 기계 및 공장·사옥, 브랜드 파워, 그리고

인재와 기술이라는 아무튼 '(현금과는 다른) 온갖 형태'로 바꾸는 일, 즉 현재의 자금을 장래의 수입을 위해 **'투자'**

하는 일종의 '변환'transformation 기계이다. 그리고 '투하된 자본'(=투자)이 기대했던 대로 수입을 가져오면(심지어 그 '수입'이 각종 '비용'을 웃돈다면), 성공한 것이다.

문제는 '각종 비용'에는 '돈의 비용'도 포함되는데, '돈의 비용'에 대해 진지하게 생각하기 시작하면 정확하게 측정한다는 것이 상당히 힘든 개념이라는 점이다.

투자에 실패했을 때 우리들은 '그 돈으로 무엇을 살 수 있었을까?', '그 시간을 어디에 썼으면 좋았을까?'를 자연스럽게 떠올리게 된다.

'그렇게 입지 조건이 나쁜 곳에 가게를 내는 게 아니었는데'

'저런 엉망인 기계를 사는 게 아니었는데'

'그런 팔리지 않는 상품은 만들지 말걸'

'그런 회사의 주식 같은 건 사지 말고 얌전히 은행에 저금이나 해둘걸'

'아무도 입주하지 않는 날림 아파트는 짓는 게 아니었는데'

'그런 학교는 들어가는 게 아니었는데'

'10년 전, 아니 20년 전으로 돌아가 처음부터 다시 시작하고 싶다'

'놀지만 말고 성실하게 경제학 공부라도 해둘걸'

'공부만 하지 말고 좀 더 사회성을 키워둘걸'

'이미 써버린 돈'이나 '지난 시간', 그 되돌릴 수 없는 것을 억지로 돈으로 환산하기 위해 회계상에는 '감가상각'이라는 설정이 쓰인다.

'쏟아 부은 돈'이 매년 일정 금액씩(혹은 일정 비율로) 감소한다고 하는 단순한 픽션을 상정한 것으로 '돈과 시간의 비용'이라는 눈에 보이지 않는 개념을 어떻게든 실체화한 것이 바로 회계처리다.

그러나 **감가상각**(이라는 '비용')을 어떻게 계산할지는 재무·회계담당자의 재량이다. 따라서 회계의 세계에는,

"현금은 '사실'이지만, 이익은 '의견'에 지나지 않는다."

고 하는 격언이 있을 정도다. 회계상의 '이익'을 계산하기 위해서는 일단 회계상의 수입과 비용을 계산하지 않으면 안 되고, 그 비용의 산정에는 재량의 여지가 많다(수입, 즉 매출액을 어떤 기준으로 잡아야 하는지도 실은 성가신 문제다). 생각이나 전제에 따라 숫자도 달라진다.

이상의 '돈과 시간의 비용을 측정하는 것은 어렵다'고 하는 이야기를 정리하면, 일단 회계 데이터를 믿어서는 안 된다는 결론에 다다른다.

꾸르노 이론과 '수요의 기울기'를 이용해 '진짜 비용'을 삼각측량하다

여기서 경제학자는,

'진짜 비용을 다른 데이터에서 역산한다'

고 하는 발상의 전환을 시도했다. 경영자의 재량으로 움직이는

'회계상의 비용과 이익'을 그대로 쓰는 것은 위험한 일이므로.

- 조금 더 신용도가 높은(객관적으로 측정하기 쉬운) '가격'과 '수량'이라는 데이터 와,
- 이론의 '보조선'을 활용하는 것으로,
- 논리적으로 이치에 맞는 '진짜 비용'을 추리해보자는 것이다.

몇몇 참고 정보를 끼워 맞추는 것으로 '꾸르노와 베르뜨랑, 어느 모형을 이용해야 할까'를 판단한 것과 같이 조각을 끼워 맞춰 퍼즐을 완성하는 것이다.

'직접 측정할 수 없는 무언가'를 '이미 알고 있는 사실'에 근거해 추정한다. 고대 그리스인이나 이집트인이 '삼각 측량'을 사용해(자신의 키와 그림자 길이를 기준으로) 거대 피라미드의 높이를 계산한 것과 같이, 그것은 인류가 오래전부터 해 온 일이다.

구체적으로는 앞서 신병을 확보한 꾸르노에게 일단 도움을 받아야겠다. 꾸르노의 이론에 따르면 '가격'과 '수량'과 '비용' 사이에는,

$$가격(p) + 수량(q) \times `수요의 기울기` = 비용(c)$$

이라는 이론적 관계가 성립한다.

(왜 그럴까? 미시경제학을 공부하자! 또한 이 공식은 암기할 필요는 없다.)

- 가격(p)은 우리들 데이터에 수록되어 있다.

- 수량(q)도 데이터에 들어 있다.

- **'수요의 기울기'**는 첫 등장이지만, 실은 이것도 이미 우리들 손안에 있다.

'수요의 기울기'는 '수요의 탄력성'과 거의 동전의 양면과 같다. 앞 장(1단계)에서 '수요를 추정'할 때 우리들은 '기울기'도 함께 측정했다.

도대체 언제?

'수요의 추정'이라고 하는 작업의 내용을 상기해보라. 그것은 'P와 Q의 인과관계'를 통계적으로 수치화하는 것이었다. 5장의 '회귀 분석'에 나온 '산포도'와 '회귀선'의 표를 기억하고 있는가?

'P가 증가할 때 Q는 얼마나 증가(감소)하는가'를 알게 되면, 다시 말해 산포도에 딱 맞는 회귀선의 '절편'과 '기울기'를 알게 된다. 바로 그때 나온 '회귀선의 기울기'야말로 '수요의 기울기'였던 것이다.

1단계는 2단계의 복선이었던 셈이다.

피라미드는 한 단씩 쌓아올려야만 한다.

그렇다면 꾸르노의 방정식을 다시 살펴보기 바란다. 좌변에 나오는 3개의 변수(p, q, 그리고 '수요의 기울기')는 모두 이미 판명되었다. 나머지는 더하기와 곱하기만 하면, 우변의 '진짜 생산·판매 비용'(c)을 계산할 수 있다. 한 걸음씩 차근차근 해온 덕분이다.

참고로 방정식의 우변에 나오는 '비용(c)'이 소문자인 것은 두 가지 이유가 있다. 하나는 q와 마찬가지로 '개별 기업 레벨의 변수'라는 것이다. 또 하나는 엄밀하게 말하면 이 비용은 '한계 비용'(mc: marginal cost)이라고 하는 특별한 설정에 해당하기 때문이다. 앞서 '비용 총액'을 나타내는 데에 사용한 대문자 C와 구별하기 위해서라도 역시 소문자 c를 사용하는 게 좋다. 한계 비용에 대한 설명은 너무 길어지므로 생략하지만 궁금한 분은 마지막의 '상급자를 위한 보충'을 참고해주길 바란다.

실제로 해보자: HDD의 비용과 이익 함수를 추정한다

이상 '실증분석'치고는 추상적인 이야기가 많았지만, 백문이 불여일견이라 했으니, 이번에는,

- HDD 업계의 제조사 수(N)에 관한 데이터와 업계 회사를 소개한 다음,
- 진짜 제조·판매 비용(c)의 추정 결과와,
- 이익(π)과 기업 수(N)의 인과관계를 보여드리겠다.

일단은 업계 회사부터.

HDD 업계의 기업 수는 1987년까지 증가했다가 감소하기 시작했다(도표 7-2 상). 초기는 컴퓨터 관련 업계 전체가 새롭게 탄생한 여명기, 혹은 초반 시장이어서 신규 진입이 왕성했다. 모두가 진입해 다양한 제품과 제조 방법을 시도하는 단계다.

그러다가 고정 제품 사양이나, 가장 효율적인 생산 공정이 정착하자, 품질의 비용 경쟁력이 떨어지는 영세 제조사 중에는 적자를 내는 곳도 생겨났다. 이렇듯 이기고 지는 것이 확실해지는 시기가 성숙기, 혹은 중기의 국면이다. 상대적으로 열등한 기업이 떨어져나가는 대량

도표 7-2 │ 세계의 주요 HDD제조사 수(및 시장점유율)의 추이

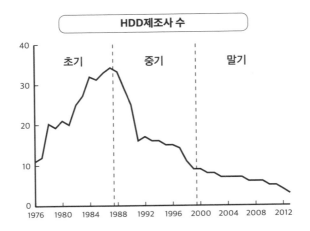

HDD제조사 수

초기　중기　말기

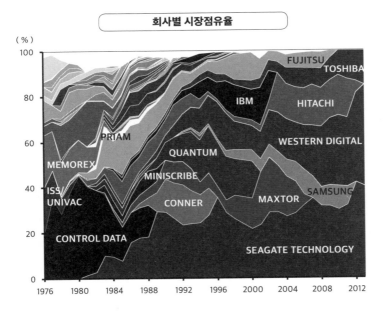

회사별 시장점유율

(%)

FUJITSU
TOSHIBA
IBM
HITACHI
PRIAM
WESTERN DIGITAL
QUANTUM
MEMOREX
MINISCRIBE
ISS/
UNIVAC
CONNER
MAXTOR
SAMSUNG
CONTROL DATA
SEAGATE TECHNOLOGY

출처 : Igami and Uetake (2017) "Mergers, Innovation, and Entry - Exit Dynamics."

참사 현상을 '셰이크아웃'^{shake-out}(문자 그대로 흔들어 떨어뜨린다는 뜻)이라고 한다. 이 시련을 견디고 2000년까지 살아남은 것은 전 세계에서 10개사 미만이다.

그 후 '말기' 시장에서는 살아남은 기업들끼리의 기업 인수합병 ^{M&A}(Mergers and Acquisitions)을 통해 제조사의 수가 더욱 감소한다. 5개사, 4개사, 3개사 하는 식으로 시장구조는 독점에 가까워진다.

이 최후의 프로세스(또한 그에 맞는 독점규제법·경쟁촉진 정책)에 대해서는, 또다시 이야기가 길어지므로 생략한다.

이렇게 해서 중반까지의 기업 수는 꽤 많은 편이었지만, 일정 이상의 시장 점유율을 획득·유지하고 있는 회사는 비교적 적다(도표 7-2 하). 복잡해지므로 그래프에는 표시하지 않았지만, 5.25인치(기존제품)와 3.5인치(신제품)를 만들고 있는 제조사의 면면은 미묘하게 다르다.

아무튼 이것으로 기업 수의 데이터도 손에 넣었으니, 다음은,

① 가격(p)의 데이터
② 판매량(Q)의 데이터
③ '수요의 기울기'의 추정치
④ 기업 수(N)의 데이터

를 꾸르노 방정식에 도입해보자. 이 중 ①, ②, ③의 출처는 6장이다. ④는 조금 전 그래프이고, 하는 김에 ②와 ③을,

$$Q \div N = q(\text{기업 전체의 HDD 판매량 Q를, 기업 수 N으로 나눔})$$

위와 같이 준비과정에서 '1개사 당 평균 판매량 q'로 가공해두면, 비용(c)을 산출하는 수식에 정확히 대입할 수 있다.

그 결과 우변에 산출된 '진짜 생산·판매 경비'(c)는, 도표 7-3 상과 같이 평균치가 되었다. 기존 제품(5.25인치)과 신제품(3.5인치)을 따로따로 계산했기 때문에 꺾이는 선 2개가 나란히 있다. 상승하는 연도도 있지만, 전체적으로는 매년 비용이 절감되고 있다. HDD의 성능(기록 용량)은 매년 상승하고 있음(6장의 도표 6-3)에도 불구하고, 1대 당 생산·판매 경비가 이 정도로 낮아졌다.

이렇다는 것은,

- 공정 혁신
- 제품 혁신

양쪽 측면에서 HDD가 비약적인 진화를 보여 왔음을 말해준다.

그런데 가격(p)의 그래프(6장의 도표 6-2 상)와, 여기에 나와 있는 비용(c)의 그래프(도표 7-3 상)를 비교해보면 어쩐 일인지 똑같다. 주의해서 보지 않으면 완전히 똑같이 보일 수도 있다.

어찌된 일일까?

동질적인 재화 시장에 복수의 제조사가 공존하면, 경쟁에 의해 박리다매(혹은 박리소매)가 된다. 시장 가격(p)은 하락하기 쉽고 이익(p−c)은 지극히 적다. 따라서 p와 c는 거의 같아지는 것이다.

도표 7-3 | 비용과 이익

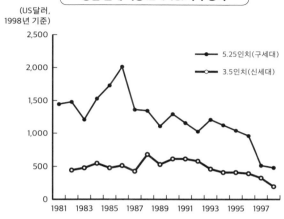

생산 판매 비용(한계비용)의 추정치

(US달러,
1998년 기준)

● 5.25인치(구세대)

○ 3.5인치(신세대)

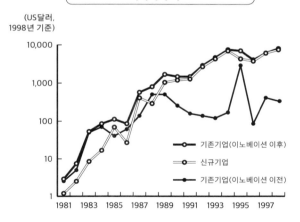

이익액의 비교

(US달러,
1998년 기준)

○ 기존기업(이노베이션 이후)

○ 신규기업

● 기존기업(이노베이션 이전)

이대로라면 이익 액수가 너무 적어 잘 보이지도 않는다. 그래서 도 표 7-3 하에서는, '만약 HDD 제조사가 세상에 3개사밖에 없다면 얼마나 이익이 나올까?'를 가상 시뮬레이션 해보았다. 신제품을 투입할 때의 메리트를 보기 쉽게 3개사 내역도 다음과 같이 해보았다.

- 신·기존 양 제품을 제조·판매하는 제조사(이노베이션을 마친 기존 기업)의 이익을 π(양)라고 표기
- 기존 제품만을 취급하는 제조사(기존 기업이 이노베이션을 하기 전 상태)의 이익을, π(구)라고 표기
- 신제품만을 취급하는 제조사(신규 기업)의 이익을, π(신)이라고 표기.

라고 하는 세 가지 타입이 각각 1개사씩 존재하는 상황을 그려보았다.

신제품의 인기는 처음 10년간 그다지 높지 않았기 때문에 신규 기업의 이익은 기존 제품 전업제조사와 별로 차이가 없다. 1980년대의 π(신)와 π(구)는 서로 엎치락뒤치락하고 있다.

그러나 1990년대에 들어서면 신제품의 수요가 껑충 뛴다. 더 이상 기존 제품만으로는 상황이 악화될 국면에 처한다. π(신)나 π(양)와 비교해 π(구)는 상당히 낮다.

만약 여기서 기존 기업이 이노베이션을 단행한다면 당당하게 π(양)의 이익수단이 될 수 있다. 엄밀하게는 이 그래프만으로 판단할 수 없으나, π(양)나 π(신) 쪽이 압도적으로 π(구)보다 거액이기 때문에 이노베이션한 쪽이 이익인 것은 분명하다.

그럼에도 불구하고 현실에서는 이노베이션을 하지 않은 채 사라져간 제조사도 많다. 여기에 뭔가 중요한 힌트가 숨어있을 것 같다. 다음 장 이후에 파헤쳐보도록 하자.

이번 장의 목표는 '선점하기'의 탐구이므로 그 점을 확실히 해두고 싶다.

도표 7-4는 데이터에서 추정한 이익 함수를 (전처럼 시계열이 아니라) 이번에는 'π와 N의 인과관계'에 초점을 맞춘 형태로 그래프화한 것이다. 어떤 형태를 하고 있는지 이미지를 파악할 수 있게 하기 위해 한 예로 '1991년 시점의 스냅숏'을 오려냈다. 숫자의 대소는 매년 변하지만, '라이벌(N)이 증가하면 이익(π)이 감소한다'고 하는 패턴은 어느 연도든 마찬가지다.

이번 장의 첫머리에서 언급했듯,

- '라이벌보다 먼저 신제품을 투입'할 경우의 메리트(혹은 라이벌보다 늦게 투입하는 디메리트)는,
- 'N이 증가할 때, π는 얼마나 감소하는가'라고 하는 하강 속도에 달렸다.

그래서 이익 함수 π(N)의 기울기의 완급은 중요하다. 찬찬히 관찰해보자.

도표 7-4를 구체적으로 어떻게 봐야 할까? 하는 것이다.

- 만약 당신 외에 다른 라이벌이 존재하지 않는 상태, 즉 경쟁 상황이 '독

도표 7-4 │ 이익 함수(1990년 시점의 예)

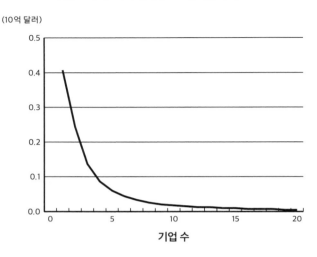

(10억 달러)

기업 수

출처 : Igami (2018) "Industry Dynamics of Offshoring."

점'(N=1)이었을 경우, 이익은 연간 4.2억 달러(약 400억 엔)에 달한다.

- 만약 라이벌이 1개사 있다면, 즉 경쟁상황이 '복점'(N=2)이었을 경우, 이익은 연간 240억 엔으로 급감한다.

3장에서 본 대로 라이벌이 진입하면 단순히 자사의 고객수(판매량 q)만 반감하는 것이 아니라, 2개사 간의 경쟁으로 HDD의 시장가격 (p)도 하락해버린다. q와 p 양쪽에서 더블 펀치를 맞게 되고, 독점의 경우와 비교해 이익은 순식간에 반감한다. 마찬가지로,

- 3개사, 4개사, 5개사 간의 경쟁이 되면 각 회사 당 이익은 140억 엔 → 90억 엔 → 60억 엔으로 감소한다.

이 정도 기업 수(N=3, 4, 5)라면 그래도 소수 기업에 따른 시장 지배, 즉 '과점'^{oligopoly}(소수의 거대 기업이 시장의 대부분을 지배하는 형태)이라고 불러도 무방하다. 그러나 '경쟁 상대가 소수'라고 하는 느긋한 이미지와는 반대로 독점의 경우와 비교하면 이익이 지극히 적다. 만약 서로 어떤 식으로든 제품 차별화를 했다면 경쟁에 따른 가격 하락은 완화되겠지만, HDD와 같은 동질적인 재화의 시장에서는 플레이어가 5개사나 된다면 상당히 힘겨운 경쟁이 된다.

단, '이익이 감소하는 속도'가 느려지는 점에도 주목해보자. N이 증가하면 π는 감소하지만, 하락폭은 작고, 하락률도 적어진다. 즉 이런 식이다.

- 독점(N=1)에서 복점(N=2)으로: 420억 엔 - 240억 엔 = 180억 엔(43%)의 하락
- N=2에서 3으로: 240억 엔 - 140억 엔 = 100억 엔(42%)의 하락
- N=3에서 4로: 140억 엔 - 90억 엔 = 50억 엔(36%)의 하락
- N=4에서 5로: 90억 엔 - 60억 엔 = 30억 엔(33%)의 하락

설산의 경사를 스키를 타고 내려올 경우, 산 위쪽은 상급자용 급경사인 스키장이 많은데, 산자락까지 내려오면 활주면의 경사는 완만해진다. 거의 이것과 비슷하다.

정상에서 넘어질 때가 가장 타격이 크다. 독점(N=1)의 지위를 잃는

것은 그 정도로 큰 충격인 것이다.

그렇다는 것은 역으로,

- 라이벌보다 먼저 이노베이션을 단행할 때의 메리트, 그리고,
- (어쩌면) 신제품을 들고 신규 진입하는(할지도 모르는) 기업가·신규 기업의 위협을 미연에 방지할 때의 메리트

도 역시, 독점기업일수록 크다. 이 부분의 이유는, 3장에서 다양한 예를 들었으니 아직 기억하고 계실지도 모르겠다.

……아무튼 이러한 이유로 '선점하기'의 유혹은 상당히 크다는 것이 판명됐다.

도표 7-3 하에서처럼 우리들은 이 장에서 1981년, 1982년, …… 하고 매년 이익 함수를 계산했다. 기호로 표기하면, 이미 우리들 수중에 있다(너무 많아서 '……'의 부분은 생략했지만 매년 산출함). 충분한 수확이다.

$$\pi_{1981}(N), \ \pi_{1982}(N), \ \cdots\cdots \pi_{1990}(N), \ \cdots\cdots \pi_{1998}(N)$$

이상으로 실증분석의 '정학적'인 부분(1단계와 2단계)은 완료했다.

나머지는 이들 재료를 유기적으로 배열해,

- 앞을 내다보는(동학적인) 기업들이,
- 서로 전략적으로(게임이론적으로) 경쟁하는 모습을,

그대로 충실하게 '동학 게임'으로 요리하면 된다. 그것이 3단계가
된다.

그렇다고 그렇게 간단한 작업은 아니다. 프로 경제학자들조차 '동
학', '선견지명'이라는 단어를 듣는 순간 발작을 일으키는 사람이 있을
정도다. 여기는 일단 신중하게, 설산에서 조난당하지 않도록 조심조
심 나아가야 할 국면이다.

다음 장에서는 '동학적으로 생각'하는 구조에 익숙해지기 위해,

- 블랙기업에서 탈출
- '사나운 애인'과 '상냥한 애인',
- 모노폴리(보드게임)

라는 구체적인 예를 접하면서 다리에 힘을 키워보자. 이들은 언뜻
'이노베이터의 딜레마'와 전혀 상관이 없어 보이지만 중요한 부분에서
연결되어 있다.

상급자를 위한 보충(읽지 않고 다음 장으로 넘어가도 무방함)

'꾸르노 이론에 근거한 방정식'에 등장한 '한계 비용'이라는 개념에 대해서
는 입문 수준의 미시경제학 교과서를 읽으면 좋다. '기업·생산자'에 대한 장
에서 나올 것이다. 경제학의 기본 중의 기본이다.

만약 중급 수준의 교과서를 갖고 있는 사람(그리고 미분을 할 수 있는 사람)은

'과점·게임이론'의 장을 펼쳐보자. 앞선 방정식이 '꾸르노 경쟁에서 기업의 이익 극대화의 1계 조건'에서 도출되는 것을 알 수 있을 것이다.

이처럼 '게임이론을 보조선으로 활용'하고, '눈에는 직접 보이지 않는 것'을 '현실의 데이터에서 역산'하는 방법은 1980년대에 스탠퍼드대학의 티모시 브레스나한[Timothy Bresnahan]과 노스웨스턴대학의 로버트 포터[Robert Porter]가 개발했다. 이 발상과 분석 방법은 현재도 산업조직론의 실증 연구에서 중심적인 역할을 해내고 있다.

이 두 학교는 앞 장의 '보충'에서 언급한 하버드대학이나 예일대학과 나란히, 이 분야의 차세대 리더를 육성해 오고 있다. 포터의 가르침을 직접 받은 일본인 경제학자도 많은데, 나의 석사 시절 지도교수였던 도쿄대학의 오하시 히로시[大橋弘] 교수가 그 필두다. 젊은 층으로는 캘리포니아대학 버클리캠퍼스의 가와이 케이[川合慶], 예일대학의 우에타케 코스케[上武康亮], 싱가포르경영대학의 오니시 켄[大西健] 등이, 마찬가지로 노스웨스턴대학에서 박사를 취득했다. 또한 아마존재팬의 주임경제전문가인 와타나베 야스토라[渡辺安虎]도 같은 학교에서 교편을 잡았었다.

3장 마지막에 언급한 대로 '기업 이익의 결정 요인'이라고 하면 하버드대학의 마이클 포터[Michael Porter]의 《경쟁의 전략》이 유명한데, 그것은 사실(1970년대까지의) 산업조직론을 비즈니스스쿨용으로 정리한 것이다.

이에 비해 '게임이론을 보조선으로 데이터를 분석한다'고 하는 로버트 포터식의 실증 방법은 1980년대 이후에 발전했다. 따라서 이번 장의 분석은 마이클(구기술)이 아니라 로버트(신기술)를 활용한 것이다.

둘 다 '경쟁과 이익의 관계를 실증한다'고 하는 기본 목표는 같으므로 산업조직론과 경쟁 전략론은 '큰집'과 '작은집'의 관계와 같다

제8장

Dynamic Optimization

동학적 감성을 키우자

3단계에서는 드디어 투자, 즉 미래의 이익을 기대하며, 현재의 비용을 부담하는 행동을 분석한다. 피라미드의 3층에 해당하는 여기서부터는 앞을 내다보는 '동학'이 얽혀 있다 보니 조금 어렵게 느껴질 수 있다.

갑자기 HDD 업계의 동학 분석에 뛰어들었다가는 조난당할 수도 있다. 일단은 간단한 예를 많이 접해보는 것으로 직관을 키우자.

'손해를 보면서 이익을 추구하는 행위'는 모두 투자

이 책에서 말하는 '투자'란 주로 신제품의 도입, 즉 제품 혁신을 말하지만, 투자는 이노베이션에 한정된 이야기가 아니다. 가령 신규 진입이나 퇴출도 넓은 의미에서는 일종의 투자 행위이다. 왜냐하면,

- '진입'이란, '그 시장·분야·업계에 플레이어가 되어 참가하는 것으로 장래의 이익'을 추구하며, 이를 위해 필요한 초기 비용을 지불하는 것이고,
- 반대로 '퇴출'이란, 지금 있는 시장에 계속 참가해야 할 메리트가 보이지 않게 되었을 때, 장사 도구나 자산을 매각하는(매입자가 없을 경우는 그냥 처분함) 행위이므로, 진입을 그대로 거꾸로 뒤집은 '역투자'와 같은 것이다.

주식을 사고파는 것과 마찬가지다.

'장래의 이익'을 어떻게 계산할지가, 이러한 동학적인 분석의 핵심이다.

하지만 장래에 일어날 일은 아무도 모른다. 보통 금융 실무였다면 엑셀 같은 표계산 소프트웨어에 '내년 이후의 매년 예상 이익'을 기입해보는 정도일 것이다. 만약 여유가 있다면 두세 개쯤 미래 예상 시나리오를 만들어보고는 '이것이 기본 시나리오, 이쪽은 낙관 시나리오, 저쪽은 비관 시나리오'처럼 토론을 해봐도 좋다.

작업 이미지는 도표 8-1과 같은 느낌이다.

가령 임대료 수입을 기대하고 건물을 짓는 경우, 건축업자나 부동산업자와 상담할 것이다.

'이 지역에서 이 정도 평수의 집을 세를 놓는다면 임대료는 얼마나 받을 수 있을까요?'

도표 8-1 | 이익 예상표

연도 실적 / 예상	2014 실적	2015 실적	2016 실적	2017 실적	2018 예상	2019 예상	2020 예상	···	2032 예상	2033 예상	2034 예상	···
이익(만엔)												
기본 시나리오	1340	1360	1380	1400	1420	1440	1460	···	1660	1680	1700	···
낙관 시나리오	-	-	-		1600	1800	2000	···	5000	7000	9000	···
비관 시나리오	-	-	-		1400	1400	1400	···	1400	1400	1400	···

※ '이익＝수입 - 비용'이므로, 보통은 이익뿐 아니라, 그 전제가 되는 수입이나 비용(또한 그 주된 내역)도 병기하는게 편리하지만, 여기서는 간단히 이익만 제시하고 있다.

'학생들을 위한 원룸은 많아서 빈집이 많아요. 원룸을 짓는 건 그만두시죠?'

'방 두 개에 거실과 부엌이 있는 살림집이라면 방세가 10만 엔이라도 30대 이상 되는 사람들에게 인기가 있을 것 같아요'

와 같은 조언을 들을 수 있다.

계획 중인 건물이 타산이 맞을지 안 맞을지, 장래의 이익을 일단 판단해야만 한다. 예상이 얼마나 맞을지는 모르지만, 모르면 모르는 대로 수입과 지출을 따져 계산해보자.

최대의 '지출'은 초기의 건축 비용이다. 수천만 엔을 현금으로 지불할 수 있는 사람은 드물 테니, 보통은 건축 비용을 은행에서 빌릴 것이다.

은행 측도 건물에서 발생할 것으로 예상되는 수입과 지출을 체크한다. 임대인(집주인)이 매달 임대 수입에서 주택 융자의 원금과 이자를 갚아나갈 수 있는지 심사하는 것이다. 빚을 못 갚아 야반도주할 인물이 아닐까, 건물 외에 다른 수입은 있는가, 연대보증인은 신뢰할 만

한가, 하는 '신용도'도 체크해야만 한다.

은행 이야기까지 나오니 뭔가 꽤나 번거로울 것 같지만, 건물 자체의 예상 수입은 의외로 단순한 계산이다. 요컨대 지금 '건축 비용을 지불한다'고 하는 '손해'를 보면서, 그 대신 장래의 '임대료 수입'이라는 '이익'을 노리는 '투자'다.

앞의 계산표를 보며 설명하자면, 첫 해의 이익(π_1이라고 하자)은 건축비(혹은 융자금)의 지불로 엄청 큰 마이너스, 즉 적자가 되지만, 순조롭게 진행되면 2년차 이후 이익(π_2, π_3, π_4……)은 임대료 수입 덕분에 플러스, 즉 흑자가 될 것이다.

미래에 일어날 일은 아무도 모르지만, '기본 시나리오'로 주변 아파트임대 사정(입주하고 싶은 사람 수, 즉 수요와 아파트 임대 물건 수, 즉 공급)이 크게 변하지 않는다는 상황을 상정해, 임대 수입은 거의 일정하다고 해두자. 유지비나 주택 융자의 변제라는 비용도 거의 일정할 것이다. 10년이나 20년마다 보수공사를 해야 하니 그 비용도 미리 생각해 두면 좋다.

다른 시나리오와 구별하기 위해 그 계산 결과를 π_2(기본), π_3(기본), π_4(기본)……와 같이 기재하도록 한다.

이에 비해 '낙관 시나리오'는 이 지역이 돌연 '살고 싶은 동네 TOP 10'에 뽑히면서 입주하고 싶어 하는 사람들이 증가한다든지, 경제가 기적적으로 고도성장 궤도에 올라 사람들이 부자가 된다든지, 아무튼 수요가 증가해 임대료를 올릴 수 있는 전개를 설정한다. 그 계산 결과를 π_2(낙관), π_3(낙관), π_4(낙관)……로 기재한다.

반대로 '비관 시나리오'로 주변에 중년·노인층이 상속세 대책의

'적령기'에 들어가면서 토지활용이 활발해지는 상황을 들 수 있다. 다수의 신축 건물이 공급되면서 빈집이 늘게 되면 임대료도 내려간다. 이 경우의 예상 이익을 π_2(비관), π_3(비관), π_4(비관)……라고 기재한다.

그리고 대지진이 일어나 건물이 반파되면 수리비가 필요하게 된다. 단 자신의 건물은 무사하고 다른 건물만 무너진 경우는 경쟁 상대가 줄어들기 때문에 오히려 '낙관' 시나리오일지도 모른다.

투자·전망·동학이라는 단어가 주는 느낌에 설레던 분들도 내용은 그다지 대단한 것이 아니라는 것을 알게 되었으리라. 하긴 임대업에 흥미진진함을 느끼는 학생이나 젊은이는 별로 없을지도 모른다. 다른 예도 들어보자.

시간 · 체력 · 정신력의 '투자'

이번엔 체육을 예로 들어보자. 중학교, 고등학교, 대학교라는 과정을 거치며 도대체 왜 청춘에서 가장 중요한 10년을 '현실사회에서는 아무 도움도 안 되는' 공부에 써야 하는가. 진지한 질문이지만, 이 책은 교육론이나 인생의 교훈을 주는 책이 아니므로 간단하게 대답하려 한다. "그게 이익이니까!"

같은 일을 하더라도 대부분 고졸보다 대졸이, 아르바이트나 계약직보다 정사원의 월급이 많다. 승진이나 승급 기회도 많다. 그리고 30대, 40대의 '관점'에서 실적이 없으면, 주요 프로젝트에서 제외되는 일도 있다.

'난 특별한 재능이 있다! 자신 있다! 회사원 같은 건 처음부터 안중에도 없다!'고 생각하는 사람도 있을 것이다. 그런 반골 기질은 중요하므로 잃지 않도록. 단, '노력과 재능과 근거 없는 자신감'으로 승부하는 세상에서는 더욱 험난한 '투자'가 요구된다.

가령 '프로 기사'가 되기 위해서는 26세까지 라이벌을 물리치고 4단까지 올라가야 한다. 프로가 되더라도 전적이 화려하지 않으면 수입이 적고, 자칫 프로 자격을 잃는 경우도 있다(고 한다).

같은 실력이라도 스포츠 세계는 경력의 개시와 종료가 남들보다 이르고, 은퇴 후 어떻게 살아야 할지도 생각해야 한다. 또한 만화가나 소설가처럼 작가적 재능이 필요한 직업은 유명해지지 않으면 거기서 끝이다.

만약 당신이 그 방면에 열의가 있다면 '대학이나 대학원에 진학해야 할까'와 같은 미지근한 고민과는 인연이 없으리라. 좀 더 가열찬 다른 차원의 '투자'를 매일 해야만 할 것이다.

"노력이라면 얼마든지 하겠습니다!" 하고 입으로 말하는 건 간단하지만 시간·체력·정신력은 모두 유한하다.

- 오늘 야근을 하면 마감은 맞출 수 있을 테지만, 내일 머리회전이 둔해질 것이다.
- 오늘도, 내일도, 다음 달도, 내년도, 무리를 하다간 5년 후의 몸과 마음은 회복 불능의 상처를 입게 될 것이다(혹은 5년 후가 없을지도 모른다).

내일 이기기 위해 내년에도 이기기 위해 오랜 경력을 가능케 하기 위해 지금 무엇을 해야만 하는가. 이 시간을 어떻게 써야 할까. 어떻게 휴식을 취할까. 그것은 '장래의 이익을 내다보고, 지금 무엇에 자원을 투입해 둘까' 하는 문제 설정이며 투자다.

지나간 시간은 돌아오지 않는다.

기대 가치 VS 매몰 비용

여기까지 풀어놓은 느긋한 이야기를 경제학적으로 단단하게 응축해보자. 그러기 위해서 '기대 가치'와 '매몰 비용'이라는 단어를 알아두기로 한다.

'그 투자를 하는 게 좋을까? 안 하는 게 좋을까?'라고 하는 결단.

'몇몇의 선택지 중에서 어느 투자 조건을 선택해야 할까?'라고 하는 선택.

이렇게 중요한 결단을 해야 하는 순간에 편리한 개념이기 때문이다.

건물 임대를 예로 들자면, 애초에 '건물을 지어야 하는가?'를 결정할 필요가 있는데, 그러기 위해서는 장래의 이익을 전부 합쳐서 하나의 숫자로 집약해버리면 이야기가 간단해진다. 건물의 내구연한이 30년이라면 일단(건축비는 빼고) 1년차에서 30년차까지의 이익을 합산해보자.

$$V=\pi_1(기본) + \pi_2(기본) + \pi_3(기본) + \cdots + \pi_{30}(기본)$$

이것이 건물 '가치'(V: value)다. 엄밀히 말하면 이익의 예상 혹은 기대치를 더한 것이다. 그러한 '확률적이고 불확실한 이야기를 하고 있다'라는 의미까지 포함해 '기대 가치'라고 부르기도 한다. '기본', '낙관', '비관'과 같이 각종 시나리오가 '각기 얼마만큼의 확률로 일어날까'까지 생각한다면, 그 가중 평균을 넣어도 좋다(가 귀찮으니까 여기서는 기본 시나리오의 숫자만을 쓰기로 한다).

이에 비해 건축비는 초반에 한꺼번에 지불해야만 하고, 한번 지은 건물은 '역시 안 되겠다' 하고 간단히 포기해버릴 수는 없다. 물론 철거하는 건 자유지만 건축비는 돌아오지 않는다. 오히려 철거 비용까지 지불해야만 한다. 그런 의미에서 건축비는 불가역적인(한번 지불하면 절대 돌아오지 않는) 비용이다.

이런 '되돌릴 수 없는' 비용을 '매몰 비용'Sunk Cost이라고 한다. 매몰이라는 글자만 보고 '묻은 것이니 다시 파면 되지 않나?' 하는 생각도 들 테지만 이 단어는 영어의 sink(가라앉히다) → sunk(가라앉았다)에 대응하므로 이미지로는 뒷산에 '묻었다'기보다는 금괴처럼 무겁고 값비싼 것을 마리아나 해구처럼 깊고 깊은 바다 속에 '가라앉혔다'는 뉘앙스다.

조폭영화에 자주 등장하는 '콘크리트에 매달아 바다에 확 던져버려?' 하는 느낌. 따라서 원래는 '콘크리트 매몰 비용' 혹은 '수몰 비용'이라고 번역하는 게 옳을지도 모르겠으나, 경제학의 이미지가 나빠질 것 같으니 여기서는 '매몰 비용'이라 하자.

같은 '비용'이라도 분기마다 들어가는 'HDD를 제조하기 위한 기계 1대당 비용'(변동 비용 혹은 한계 비용)이나 본사 직원의 월급(고정 비용)과는 구별하고 싶으니, '매몰 비용'을 표기하는 기호로는 cost의 앞글자 C가 아니라, 발음을 따서 그리스문자 κ(카파)를 쓰자. 참고로 이번에도 일부러 그리스문자를 쓰는 이유는 일반 알파벳 K(케이)는 자본(capital stock)에 자주 쓰이므로 혼동을 피하기 위함이다.

이러한 이유로 V(기대가치)와 κ(매몰 비용)을 이용해 '건물 건축의 여부'를 따졌을 때,

$$V > \kappa$$

라면 이익이 손해보다 크므로 투자를 해야 하고, 반대로,

$$V < \kappa$$

라면 이익보다 손해가 크므로 그만두는 게 좋다.

그래서 표 계산의 목표는 V와 κ의 대소 관계를 밝히는 데 있다.

기대 가치에 대해 배운 적이 있는 사람은 경제학부생이라도 드물 것이며, 익숙하지 않은 그리스문자가 튀어나오면 불안해질지도 모르나, 우리들이 매일 하는 '비용 VS 효과'(이익을 본 느낌이나 이익)의 계산을 미래에도 적용하는 것뿐이니 걱정할 필요 없다. V가 '이익', κ가 '손해'로, 이 두 개를 비교해 '손익'을 따지는 것뿐이다.

'미래를 내다보고 행동하는' 방법

한편의 영화를 감상하는 듯한 '동학'적인 상황은, 실제로 많다. 가령 차를 바꾸는 일. 올해 산 당신의 새 차는 타면서 주행 거리도 늘어날 테고, 내년에는 1년 된 중고차, 내후년에는 2년 된 중고차가 된다. 5년, 10년 세월이 흐르면서 차는 여기저기 부식의 징조가 눈에 띄게 되어 수리비나 차량 점검비도 적잖이 들 것이다.

어느 사이엔가 '새 차로 바꾸는 게 이익'이 되는 시기가 온다. 이때 당신은, '오래된 차를 계속 타면서 슬금슬금 차량 유지비가 늘어난다'고 하는 미래 시나리오 A와, '새 차를 사서 쾌적한 주행과 저렴한 유지비로 행복하다'고 하는 미래 시나리오 B와 비교해, 더욱 이익인 쪽을 선택할 것이다.

어디까지 상세하게 계산할 것인가(말 것인가)는 사람마다 다르겠지만, 대략 그렇게 두 가지 문제를 매년 직면하고 있다고 할 수 있다.

정리하면 도표 8-2와 같은 느낌이다. 마치 주사위놀이처럼 그려졌으나, 이 혼자서 하는 게임은 '끝'이 없는 '무한 루프'이다. 그냥 두면 매년 한 칸씩 오른쪽(시계방향)으로 진행하게 되고 차는 그만큼 낡게 된다. '새로 사는 것'을 선택하면 새 차라고 하는 '출발점'으로 돌아갈 수 있다.

아주 단순한 이 '게임'의 목적은 단 하나. 차를 바꿀 타이밍을 잘 결정해서 '유지비와 새 차 구입 비용과 매일의 행복감'이 종합적으로 가장 좋은 상태를 유지하며 인생을 보내는 것이다.

이런 설정의 게임을 '최적 정지 문제'optimal stopping problem라고 한다.

도표 8-2 | 차 바꾸기

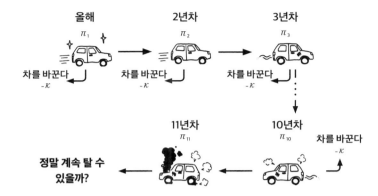

경제학뿐 아니라 수학을 응용한 '최적 제어 이론'이라고 하는 공학 분야와도 관련이 깊다. (참고로 '혼자서 하는 게임'은, 여러 플레이어 간의 전술에 주목하는 게임이론적인 견지에서는, 통상 '게임'이라고 부르지 않지만 감각적인 이해를 돕기 위해 우선 이번 장에서는 이렇게 부르고 있다.)

'이노베이터의 딜레마'라는 본론으로 돌아가기 전에 좀 더 간단한 예로 직감을 키우고, 큰 그림을 확실히 머릿속에 담아두자.

블랙기업과 '사나운 연인'

불합리한 노동을 강요하는 회사를 총칭해 '블랙기업'이라는 단어가 사용되고 있다. 만약 당신이 경력이라는 험한 길로 들어서버리는 바람에 블랙기업에서 일하게 되었다고 가정해보자. 그곳에서는 일하면 일할수록 심신이 병들어간다.

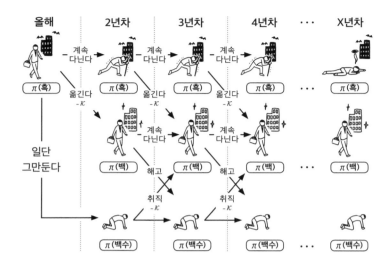

도표 8-3 | 블랙기업에서 탈출

이런 경우 '차 바꾸기'와 같이 3년, 5년…… 하고 느긋하게 굴었다가는 죽을지도 모르니 좀 더 괜찮은 일을 찾는 대로 옮기는 게 좋다.

하긴 블랙기업에 있는 한 이직활동을 할 시간조차 없을 게 뻔하다. 약간의 저축이나 의지할 가족이나 친구도 없다면……. 일단 무료 법률 상담을 받는 등과 같은 행동을 시작으로 그곳에서 빠져나와 아르바이트나 직업훈련원에 다녀보는 것이다.

이러한 '행동'의 게임은 직업 인생에 한정된 이야기가 아니다.

항상 '사나운 연인'과 사귀면서 평생을 보내야 한다고 생각해보자. 사나운 사람과 함께 있는 것은 상당히 피곤한 일이다. '어쩌다 심기가 사나운 일도 있다'는 정도면 괜찮지만, 세상에는 그것이 만성화되어 있는 사람도 있다.

일단 백번 양보해서, 사나운 것은 어떻게든 될 수 있지만, 큰 소리

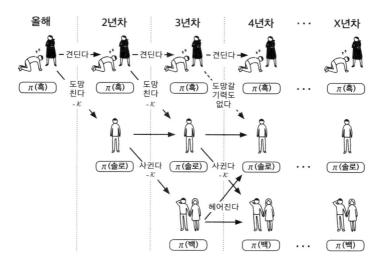

도표 8-4 | '사나운 연인'과 '상냥한 연인'

로 소리를 지르기 시작하거나, 화가 나서 물건을 부수거나, 물리적으로 물어뜯으려 달려든다면 생활도 일도 육아도, 아마 인생의 모든 것이 불가능해져버린다. 한마디로 도망갈 수밖에 없다.

혼자 사는 건 외로울지 몰라도 심신이 병든 다음에는 이미 늦었다. 그런 것까지 포함해 '앞을 내다본' 다음엔 '36계 줄행랑'이다. 신체에 받은 상처는 의사에게 보이고, 확실한 증거로 남긴 후 전력을 다해 도망치자. 경찰이나 변호사와도 상담을 권한다.

사람들의 행동으로부터 이익이나 비용을 '역산'할 수 있다

여기까지 세 가지 예로 '앞을 내다보고 행동한다'고 하는 동학적인 세계관에 조금은 익숙해지지 않았을까?

조금만 더 이해를 돕기 위해 자세히 되짚어보자. 말이 그렇지 메리트와 디메리트에 '이름'을 붙여 정리하는 것뿐이다.

- 매년마다의 메리트는 (기업 입장에서) 이익과 같은 것이므로, π라고 표기하자.
- '차 바꾸기', '블랙기업에서 탈출', '사나운 연인에게서 도망'과 같은 결단과 행동을 일으키는 비용을 κ로 표기하자.

이들 메리트(π)와 비용(κ)에 대해 먼 미래까지 생각한 다음, 그때그때 적절한 판단을 생각해보자.

차 바꾸기 경우에서는 타고 있는 차의 사용연수에 따라 상황이 달라진다. 연수가 1, 2, 3…… 하고 늘어날 때마다 '매일의 행복도'는 $\pi_1 > \pi_2 > \pi_3$……와 같이 점점 내려갈 것이다. 고장이 잦아져서 유지비가 비싸지기 때문이다.

그러나 새 차를 사려면 돈이 들고, 그 비용(κ)도 무시할 수 없다.

대략 계산을 하면, 가령 '5년차에 새 차로 바꾸는 결단'의 배경에는 다음과 같은 두 가지 선택지를 생각할 수 있다.

- '5년차 이후에도 계속 탄다'는 경우 '행복'의 합계:

  V(계속 탄다) = $\pi_5 + \pi_6 + \pi_7 + \pi_8 + \cdots$
- '5년차 연말에 새 차로 바꾼다'의 경우의 '행복'의 합계:

  V(차를 바꾼다) = $\pi_5 - \kappa + \pi_1 + \pi_2 + \pi_3 + \cdots$

만약 'V(차를 바꾼다) 〉 V(계속 탄다)'라고 하는 대소 관계가 성립되었다면, 5년차 말의 '관점'에서 차를 바꿔야 한다.

여기까지는 괜찮은가?

그렇다면 일단 차를 바꾼다는 '당사자의 관점'에서 벗어나 이 '바꾼다는 행동'에 대해 연구하는 제3자의 입장이 되어보자. '분석자의 관점'이다.

만약 새 차의 가격(κ)이 이미 데이터로 판명되었다면, 이 사람이 '5년차에 차를 바꿨다'고 하는 사실(이것도 데이터다)과 합친 추리에 따라 '새 차에 5년간 타는 이익'($\pi_1+\pi_2+\pi_3+\pi_4+\pi_5$)을 역산할 수 있을 것이다.

수식에 흥미 없는 사람은 건너뛰어도 무방하지만, 구체적으로는 다음과 같은 계산이 된다. (좌변과 우변 사이에 몇 개의 항목을 이동시키거나, 좌우에 공통된 항목을 상쇄시키는 것뿐이다.)

V(계속 탄다) < V(차를 바꾼다)

……라는 것은 다시 말해(2개의 V의 내용을 기재하면)

$$(\pi_5 + \pi_6 + \pi_7 + \pi_8 + \cdots\cdots) < (\pi_5 - \kappa + \pi_1 + \pi_2 + \pi_3 + \pi_4 + \pi_5 + \pi_6 + \pi_7 + \pi_8 + \cdots\cdots)$$

……라는 것은 다시 말해(양변에 공통하는 π5 이후의 모든 π를 상쇄해서),

$$0 < (\pi_5 - \kappa + \pi_1 + \pi_2 + \pi_3 + \pi_4)$$

……라는 것은 다시 말해(κ를 좌변에서 우변으로 옮겨서),

$\kappa < (\pi_1 + \pi_2 + \pi_3 + \pi_4 + \pi_5)$

……즉 '새 차를 사는 비용'보다도 '새 차를 5년간 타는 이익'은 클 것이다. 엄밀한 계산은 조금 더 복잡하지만, 여기까지의 분위기만 이해할 수 있다면 괜찮다.

반대로 이 사람이 산 새 차의 실제 가격(κ)이 기록되어 있지 않다 하더라도, 만약 '새 차로 5년간 탈 때의 이익'($\pi_1+\pi_2+\pi_3+\pi_4+\pi_5$)을 짐작할 수 있다면 거기에서 '비용' κ를 역산할 수 있다.

이처럼 단순한 논리를 '보조선'으로 활용함으로써, '사람들이 실제로 취한 행동'(데이터)에서 행복도나 비용을 역산해 현실 세계의 '행간'을 읽을 수 있다.

'사람들의 취미·취향을 실제의 행동패턴에서 읽는다'

고 하는 착안점을 경제학용어로는 **'현시선호이론'**^{顯示選好理論, theory of revealed preference}이라고 한다.

우리들의 취향(선호)은 우리들의 행동에 나타난다(현시한다)는 뜻이다.

그래서 가령 아마존이나 구글은 상품의 열람·구입 이력, 검색 이력, GPS 상의 발자취를 통해 우리들의 취향에 대해 상당히 다양한 추리를 하고 있는 것 같다.

데이터의 배경에 일정한 이론을 상정하면, 그 데이터에서 배우는 내용이 비약적으로 풍부해진다. '블랙기업에서 탈출'의 경우에는 일단 블랙기업에 근무하고 있는 상태의 이익을 π(흑), 그보다 나은 '화이트기업'에 근무했을 때의 월급을 π(백), 이어서 무직상태의 수입을 π(백수)라고 하자.

- π(흑)의 값은 그다지 확실하지 않다. 월급은 눈에 보이지만, '블랙기업에서 일하는 괴로움'은 눈에 보이지 않기 때문이다. 이것을 수치화하려면 어떤 보조선이 필요하다. 그 산출을 분석의 목표로 삼자.
- 반대로 화이트기업에서 일하는 것은 특별히 괴롭지 않을 테니 π(백)은 단순히 '화이트기업에서의 월급'이라고 해도 좋을 것이다. 또한 '어떤 회사든 어떤 일이든 힘든 일은 있다'고 하는 것도 하나의 사실이지만, 이 경우에는(상대적으로 그다지 중요하지 않아보여서) 무시하기로 한다.
- 무직이라도 일정 기간은 정부로부터 실업수당을 받을 수 있지만, 회사로부터 해고를 당한 것이 아닌 '자발적 퇴사'의 경우는, 많이 받을 수 없다. 따라서 π(백수)는 0으로 가정한다.

블랙기업에서 화이트기업으로 이직하기 위해서는 이직 활동에 시간과 노력을 들여야만 한다. 그 비용을 κ라고 하자.

여기서 앞서 기술한 '새 차를 타는 행복'과 '새 차를 사는 비용'의 경우와 마찬가지 논리를 사용한다.

만약 κ를 금전으로 환산한 것이 데이터로 판명되었다면, π(흑)을 추정할 수 있다. 그리고 π(백)과 비교하면 '블랙기업에서 일하는 괴로움'을 금전으로 환산할 수 있을 것이다.

만약 데이터 상황이 양호해 다른 곳에서도 다양한 보충 정보를 입수할 수 있다면, 가령 κ가 측정되어 있지 않다고 하더라도 π(흑)과 κ를 합쳐서 데이터에서 역산할 수 있을지도 모른다.

이러한 것은 일종의 퍼즐 같아서 계량경제학에서 말하는 '식별'identification 문제와 관계가 깊다.

사나운 연인과 헤어지는 일의 '옵션 가치'

'사나운 연인'의 경우도 비슷한 설정이다. 역시 π(흑)과 π(백)과 π(솔로)라는 '그 상태에 있을 때의 이익'이라든지 κ라고 하는 '새로운 상태로 이행하기 위한 비용'을 데이터에서 뽑아낼 수 있다.

만약 당신이 연인(흑) 곁에서 고생을 하고 있음에도 불구하고 '도망'간다는 행동을 하지 못했을 경우, 그런 당신을 관찰한 경제학자는 다음과 같이 추리한다.

① 당신은 마조히스트여서 실은 π(흑)이 상당히 높을지도 모른다.

② 당신은 마조히스트는 아니지만 솔로가 되는 것을 못 견디는 사람이어서, π(솔로)가 낮다.

③ 당신은 마조히스트는 아니지만 우유부단하거나, 도주자금이 없거나, 의지할 친구가 없어서 도망치는 비용(κ)이 높다.

만약 ①이 진실이라면 축하한다. 그대로 연인(흑)과 행복하게 살길 바란다. 당신에게는 '흑'만이 궁극의 '백'일 것이다. 그야말로 '찰떡궁합'이다.

만약 ③이 진실이라면 결단력을 기르거나, 누군가에게 상담을 요청해 용기를 얻거나, 도주 자금을 모으면 좋을 것이다.

단, ②의 'π(솔로)가 낮다'에 대해서는 조금 더 탐구할 여지가 있다. 왜냐하면 솔로라는 상태는 그 자체로 완결된 것이 아니라, 그 후의 '다른 누군가를 찾는' 행동의 결과에 따라서는 '화이트 연인', 즉 '상냥한 연인'을 찾을 가능성도 품고 있기 때문이다. 물론 상대가 있으니 도망치는 '관점'에서 확실한 미래는 알 수 없다. 그러나 세상사람 모두가 사나울 리가 없기 때문에 운이 좋으면 연인(백)과 만날지도 모른다.

즉 '도망간다'고 하는 것은 복권을 사는 일과 같다. 결과는 알 수 없지만 어쩌면 당첨될지도 모른다. 복권을 좋아하는 사람들이 자주 '난 꿈을 사는 거야!' 하고 주장하듯이 상품의 '기대치'를 사는 것이라고 말할 수 있다.

이런 '장래에 무언가 가능(할지도 모른다)'한 것에 대한 '기대 가치'를 경제학에서는 '옵션 가치'라고 부르곤 한다. 실물 경제^{real economy}에 대한 '복권'이므로 파이낸스 분야에서는 '실물 옵션^{real option}이라고도 한다. 시간이 걸리는 투자 프로젝트(도중에 어떠한 일로 상황이 바뀔지도 모르는)에 대해 생각하거나, 그 가치를 측정할 때 편리하다.

그러한 '기대 가치'까지 고려하면 ②의 'π(솔로)가 낮다'고 하는 말은 조금 섣부르다.

'사나운 연인으로부터 도망친다'는 결단을 할 때 중요한 것은 눈앞의 1년의 π(흑)과 π(솔로)의 상태에서 시작해 '그 후 어떠한 전개가 펼쳐질까'까지 포함해 생각해야 한다.

당면한 1년차 π(솔로)만이 아니라, 그 후의 매년의 π(솔로)나, 언젠가 만날지도 모르는 연인(백)과 보낼 행복인 π(백)도 포함한 V(솔로)에 눈길을 돌려보자.

'운이 좋으면 몇 년 후에는 상냥한 연인과 만나 그 후 매년 π(백)을 얻게 될지도 모른다'고 하는 '꿈'같은 시나리오까지 그려보자. 거기까지 포함한 '솔로 기대치' V(솔로)가 얼마나 큰지 알아내는 것, 그것이 본질이다. '앞을 내다보는' 지혜가 있기 때문에 '지금 이 시점에서' 현실적인 행동을 할 수 있는 것이다.

따라서 ②에서는 'π(솔로)가 낮다'가 아니라 'V(솔로)가 낮다'고 말하는 것이 정확하고, 그래야 그 이유를 더 깊이 파고들 수 있다. 내가 생각한 것은 다음 네 가지 가능성이다.

---

② (a) 상냥한 연인은 드물어서 찾는 비용 (κ)이 높다.

② (b) '상냥한 연인'이라고는 해도 어차피 인간이므로 사나워질 때도 있을 것이고, 싸우는 일도 있을 것이다. π(백)은 별로 높지 않을지도 모른다.

② (c) 상냥한 연인과 만나더라도 금방 헤어질 가능성이 크므로 π(백)은 단기간밖에 받지 못하고 또한 바로 솔로로 돌아가 버린다.

② (d) 아무튼 혼자서 있는 것을 견디지 못함, 즉 π(솔로)가 엄청 낮다.

만약 당신이 사나운 연인 때문에 고민이라면, 그리고 헤어지기가 힘들다면 그곳에는 어떤 이유가 숨어 있을까?

(a)의 경우는 κ를 낮추는 방법을 찾으면 좋다. 연인을 찾는 장소를 다시 설정하든지, 자신의 스펙을 개선하든지 하는 꾸준한 노력도 필요할 것이다.

(b)의 경우는 '모두 그레이'라고 하는 세상이어서 어쩔 수 없다. 그래도 당신이 좋아하는 타입에 '가장 가까운 화이트스러운 그레이'의 애인을 찾기를 바란다.

(c)의 경우는 그렇다면 어쩔 수 없으니 혼자서 살기 쾌적한 환경을 만들자. 어차피 사람은 혼자다. 일찍 깨닫는 것도 나쁘지 않다.

(d)의 경우…… 이런 사람은 참선이라든지, 체력단련이라든지, 일단은 자기 자신의 정신력을 높이는 노력을 추천한다. 담력이 필요하다. 그렇지 않으면 다음번에도 '언뜻 화이트라고 생각했는데 사실은 완전 블랙'인 애인에게 걸려들어 도망도 못 가는 처지가 될 수도 있다 (그래도 괜찮다면 실은 시나리오 ①이 정답으로, 당신은 역시 마조히스트일지도 모른다. 나는 이해할 수 없지만 행운을 빈다).

마지막엔 인생 상담처럼 되어버렸지만, '앞을 내다보며 생각한다'는 것이 얼마나 일상적인 일인지, 그리고 얼마나 심오한 일인지 조금이라도 알게 되었다면 다행이다.

대결 플레이 게임에서도 분석의 근간은 마찬가지

대결 상대가 있는 복수 플레이어 게임이라도 기본적인 사고는 1인 플레이어 게임과 마찬가지다.

일반적으로 주사위 게임은 한 사람 한 사람이 순서대로 주사위를 던져서 누가 먼저 목표지점에 '도달'하느냐를 겨루는 개인 경기지만, 같은 주사위 게임이라도 플레이어끼리 치열한 경쟁을 하는 모노폴리 (우리나라에는 부루마블이라는 유사한 게임이 있다-역주)라는 게임이 있다.

영어로 '독점'을 의미하는 게임 이름처럼 자신이 멈춘 칸에 있는 부동산이나 비즈니스를 '독점'해서 가격을 올리고 나중에 다른 플레이어로부터 가진 돈을 다 빼앗아 파산시켜야 끝이 난다. 섬뜩할 정도의 경쟁이랄까 배금주의랄까. 너무나도 미국다운 게임인데, 물론 나는 아주 좋아한다.

도표 8-5가 모노폴리다. 오른쪽 아래에 GO라고 쓰인 칸에서 출발해 플레이어가 순서대로 주사위를 2개 던져 칸을 이동한다. 시계 방향으로 빙빙 도는 코스 설계다. 모두 자신이 멈춘 칸의 토지를 사들인다.

게임 상대와 보유 부동산에 대해 교섭하고 교환하거나 매매도 가능하다. 같은 지역의 복수의 부동산을 독점하면 이번에는 그곳에 숙박 시설이나 호텔을 지을 수 있다. 설비가 호화스러우면 다른 플레이어가 그 칸에 멈췄을 때 숙박료를 많이 받을 수 있다.

그렇게 몇 차례 손바꿈하는 사이, 대부분의 칸은 누군가의 소유물이 되어간다. 주사위의 숫자에 따라 게임 상대가 지은 호화 호텔

도표 8-5 │ 대결 플레이 중 '모노폴리'의 예

칸에 멈추게 되면 거액의 숙박료를 지불하고 파산. 위험한 상황도 늘어난다.

두근거리지 않는가? 이 책을 더 쉽게 이해하기 위한 필수 경비라고 생각하고 꼭 한번 도전해보길 바란다. 게임 인원은 가능하면 5명 정도가 가장 재미있을 것이다. 단 너무 오랜 시간 하게 되면 빈부의 차가 심해져 친구를 잃을 수도 있다. 세계대회 규정에 준거해 90분 한판 승부 정도로 끝내는 것을 추천한다.

당신의 운명을 정하는 것은 자신이 던진 주사위 숫자만이 아니다. 다른 플레이어나 주사위 운이나 보유 부동산에도 이기고 지는 것이 달려 있다. 따라서 모노폴리는 게임이론적인 의미에서 봐도 '전략적'이고 '게임적'이다.

그렇다면 또다시 '분석자'의 '관점'에서 모노폴리를 들여다보자.

'게임이론적 상황'에서는 당신의 이익(π)과 가치(V)는 당신이 멈춘 칸·소유 자금·보유 부동산뿐 아니라, 라이벌들의 현재 위치·소유 자금·보유 부동산이라고 하는 '타인들의 요소'에도 영향을 받아 종합적으로 정해진다.

그래서 지난 예들과는 다르게 '자신의 현 상태'(사용 연수, 근무 상황, 교제 상태 등) 이외에도 '라이벌을 둘러싼 다양한 변수'를 고려한 다음, π와 V를 산출하지 않으면 안 된다.

부동산의 구입 가격이나 호텔의 건축비는 정해져 있다. 그래서 '보다 좋은 소유 재산을 쌓아올리기 위한 매몰 비용'(κ)은 처음부터 명확한 숫자로 나와 있다.

한편 눈에 보이지 않는 것은,

'각 플레이어가 무엇을 생각하고 있는가'
'어떠한 기대승률(나아가 가치 V)을 보드 위에 그려낼 수 있는가'

하는 것이다. 이것은 플레이어들의 실제 행동 패턴에서 추측할 수밖에 없다.

모노폴리의 최고 선수가 모이는 세계 대회의 모습이 데이터로 남아 있다고 하자. 만약 가장 비싼 다크블루 지역(보드워크와 파크플레이스)의 칸에 멈췄는데도 불구하고 '일부러 사지 않는다'는 결단을 하는 플레이어가 속출했다고 가정해보자. 그렇다면 아마도 그 지역의 부동산은 비싼 가격에 비해 별로 장래의 이익이 보이지 않는 불량 부동산이라는 추측을 할 수 있다.

모노폴리의 전 세계 챔피언이 쓴 책에 따르면, 가장 승리로 이끌 수 있는 우량 부동산은 오렌지 지역(뉴욕거리 주변)이라고 한다. 왜일까? 보드의 위아래로 있는 '형무소'에서 출옥한 플레이어가 주사위 2개를 던져 나오는 숫자가 6·8·9라면 오렌지 존에 멈추기 때문이다. 그 확률은 높다. 즉 '기대 가치'가 높다. (구체적인 지명을 말해도 이해를 못하는 사람도 있겠지만, '대결형 게임에 대한 데이터 분석'이라는 한 예에 지나지 않으므로 가볍게 넘어가주길 바란다.)

이러한 발상을 응용하면 현실의 산업에 있어 기업 간의 경쟁과 투자에 대해서도 (제대로 된) 실증분석이 가능해진다. 다음 장에서는 본론으로 돌아가 드디어 '딜레마의 해명' 작업을 완료해보도록 하자.

제9장

Estimating the Innovator's Dilemma | Steps 3 & 4: Investment & Simulations

'딜레마'의 해명
-3·4단계···투자와 가상 시뮬레이션

앞 장의 예를 통해 '앞을 내다보고 행동한다'는 것과 그 실증분석의 이미지를 이해했을 것이다. 몸에 익힌 직감과 감성을 총동원해, 이제 '딜레마' 해명의 마지막 단계로 들어간다. 3단계 '투자'의 분석, 그리고 4단계(가상 시뮬레이션)까지 한꺼번에 나갈 계획이다.

3단계: 투자 게임의 '이론적 데이터 분석'

6장에서는 수요측면(신·기존 제품 간의 자기잠식 정도를 포함한 '수요 함수')을 추정했다. 7장에서는 공급측면(선점하기 유혹의 원천이 되는 '경쟁과 이익의 관계', 즉 '이익 함수')을 추정했다.

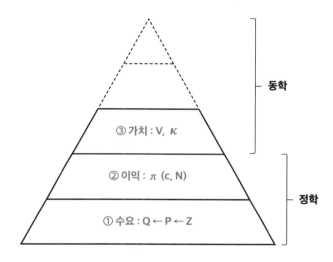

그 덕분에 우리들은 8장의 도식에서 말하는 π, 즉 매년의 이익을 이미 손에 넣었다.

게다가 HDD 제조사 각사가 어떤 상태인지에 따라 다른 π를 계산했다. 구체적으로는 다음의 세 가지 상황이다.

- 기존 기업(이노베이션 이전)
- 기존 기업(이노베이션 이후)
- 신규 기업

'이노베이션 이전'의 기존 기업은 기존 제품(5.25인치 HDD)만을 팔고 있으나, '이노베이션 이후'의 기존 기업은 신·기존 제품(3.5인치와 5.25인치 양쪽)을 모두 팔 수 있다. 그리고 신규 기업은 신제품(3.5인치

HDD)만을 판다.

앞 장에 나온 π(흑)이나 π(백)과 마찬가지로 각 상황에 있어서의 이익을 간략한 기호로 나타내도록 하자.

- π(구)······ 기존 기업(이노베이션 이전)의 이익
- π(양)······ 기존 기업(이노베이션 이후)의 이익
- π(신)······ 신규 기업의 이익

우리들의 데이터 안에는 각 기업의 매년 '상태'와 '행동' 패턴이 기록되어 있다. 어느 회사가 기존 제품만 팔고, 어느 회사가 신제품 도입을 했으며, 언제 이노베이션이나 진입·퇴출을 감행하는지 하는 모든 것이다.

앞 장의 예로 말하면, 사람들이 보유하는 차의 연수나 구매 이력, 혹은 경력이나 교제력이 데이터화되어 있는 것과 같다.

······이렇다는 것은 이상의 재료(각종 π나 상태·행동 데이터)를 잘 요리하면 이노베이션의 가치(V)나 이노베이션의 비용(κ)을 데이터에서 역산할 수 있다는 것이다.

우리들이 측정하고 싶은 것은 무엇이었는가?

'자기잠식'과 '선점하기'라고 하는 두 가지 이론을 이미 실증 모형에 탑재한 지금, 유일하게 아직 실증되지 않고 남아 있는 것은 4장에서 언급한 '능력 격차'이다. 기업의 '진짜 실력'은 특허 건수나 연구 개발비라고 하는 '표면적인 숫자'로는 측정할 수 없기 때문이다.

여기서 3단계의 목표는 기존 기업의 비용 κ(기)와, 신규 기업의 비

용 κ(신)을 각각 계산해서 어느 쪽이 우수한지를 비교하는 것이다.

이를 그림으로 표현하면 다음 도표 9-2와 같은 느낌이다.

앞 장까지의 예보다 표가 크고, 복잡하게 보일지 모르나 단순히 플레이어 수가 늘었을 뿐, 하나하나 직면한 도식은 크게 차이가 없다.

각기 결단 포인트(게임 분기점)에 주목하면 아무리 많아도 2개나 3개 정도의 심플한 의사 결정이다. (엄밀하게 게임의 분기점을 그리려면, 사실은 모든 플레이어를 등장시키지 않으면 안 되지만, 복잡해지므로 생략했다.)

각 연도(1981~1998년)·각 상태(구·양·신) 그리고 시장에 있는 라이벌 수(N=1~20 정도)에 맞춰 이익(π)이 이미 판명되었다.

일단 표의 오른쪽 끝, 즉 데이터 최종 연도에 해당하는 1998년 이후에 대해 무언가 전망을 가정해보자.

'앞일은 모르지만 1998년 '시점'에서 유리한 입장에 있는 회사는 1999년 이후의 성과도 나름대로 좋을 것이다'라는 정도의 자연스런 가정을 해둔다. 나머지는, '어떤 방법을 어떤 시점에서 진행하면 전 기간을 통해 가장 많은 π를 벌 수 있을까'라고 하는 목표를 직시하며, 이 '주사위 게임'을 통과하기 위한 방법(이익의 합계=기대 가치를 최대로 하는 순서)을 최종 연도에서 역으로 거슬러 올라가보자.

1997년, 1996년, 1995년…… 하고 점점 왼쪽으로 거슬러 올라가며 '가장 좋은 경로', 즉 '베스트 전략'을 찾아내면 된다.

이러한 이치의 해법을 **'역행 귀납법'**backward induction이라고 한다.

'앞을 내다보고 현명한 선택'을 하기 위해서는 게임의 결말(최종적

도표 9-2 | 기존 기업과 신규 기업의 '이노베이션' 게임

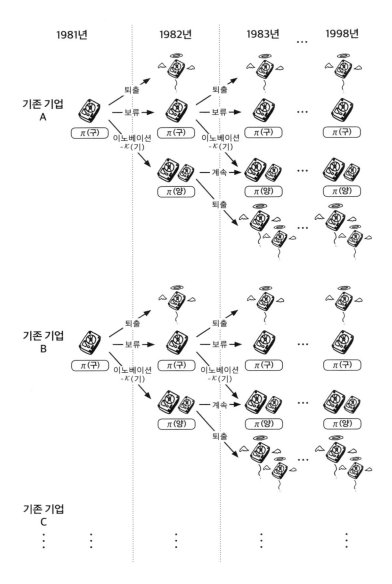

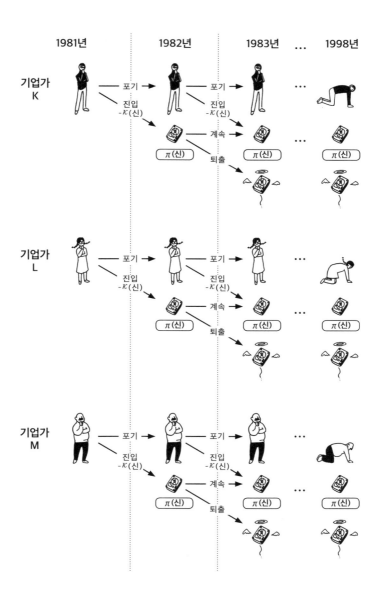

인 π의 합계)까지 내다보고 읽은 후에 '이런 식으로, 이렇게……, 저렇게 되면 이렇게 한다'고 대응할 행동 계획을 세울 필요가 있다.

'역행 귀납법'이라든지 '결말에서부터 게임을 풀어간다'라고 하면 추상적이어서 무척 어렵게 들린다. 그러나 '사다리 게임'처럼 목표지점에서 반대로 거슬러 올라가 가장 좋은 출발점을 고르는 것과 똑같다.

조금 복잡한 예로 오셀로나 장기에서는 대결 상대의 전략과 상대방이 둘 수를 미리 예상해 현 '시점'에서 최선의 한 수를 찾는 것이지만 이것도 마찬가지다.

우리들은 이러한 것을 일상적으로 하고 있다. 교통정체를 피해 여행이나 쇼핑을 가든지, 전철 노선 검색을 이용해 최단거리로 이동하는 것 등. 새 차로 바꾸는 일이나 이직과 같은 큰 결단이 아니더라도 우리들의 일상은 '동학'으로 넘쳐난다.

그렇다면 이 '투자의 동학 게임'을 어떻게 실증분석할 것인가.

원리는 앞 장과 같은 방식이다. 각 연도의 이익 π를 더해가든지, π(구)와 π(양)을 비교하면 된다. 가령,

'만약 1988년에 이노베이션했다면 기업가치(V)가 500억 엔으로 증가했을 것'

이라는 계산을 할 수 있다.

그렇다면 만약 1988년이라는 기회의 연도임에도 불구하고

'실제로는 이노베이션을 단행한 기존 기업이 적었다'

와 같은 경우, 다음과 같이 추측할 수 있다.

'……라는 것은, 기존 기업에게 있어 비용 κ(기)는 거액이었을 것이다'

마찬가지로 π(신)이나 V(신)을 조사하면,
'1983년 관점에서는 신제품의 수요는 아직 적었다'
'이노베이션이나 신규 진입의 메리트도, (단기적으로는) 거의 제로였다'
는 것을 알 수 있다. 그럼에도 불구하고,
'1983년 무렵에는 신규 기업이 복수 출현했다'
고 하는 데이터가 나왔다고 치자. 그렇다면,
'신규진입을 노리는 기업가에게 있어 진입(및 이노베이션) 비용 κ(신)이 상당히 적게 들었을 것이다'
고 추론할 수 있다.

둘 다 '현시 선호 이론'(사람의 말이 아니라 행동으로부터, 그 사람에 대해 판단할 수 있다)이라는 단조로운 발상 하나로 연이어 밝혀지게 되는 '눈에 보이지 않는 현실'의 갖가지 모습이다.

'능력 격차'의 실상

……이러한 감각으로, 기존 기업의 이노베이션 비용 κ(기)와, 신규 기업의 이노베이션 겸 진입 비용 κ(신)이라는 두 개의 값을 데이터에서 도출해보자. 실제로 계량 분석을 할 때는 여기가 가장 시간이 걸리

는 공정이지만, 나오는 계산 결과는 단 두 개의 숫자다.

4장에서도 조금 설명했지만 '이노베이션 능력이 높다'라는 것은 다시 말하면 '이노베이션의 비용이 낮다'는 말이다. 따라서 기존 기업과 신규 기업 중 어느 쪽의 능력이 높은지는 어느 쪽의 κ가 적은지를 조사하면 알 수 있다.

그래서 결과가 어찌되었는가 하면,

$$\kappa(기) < \kappa(신)$$

이라는 수치가 나왔다. '순수 이노베이션 능력'만을 비교한 경우, 기존 기업은 신규 기업보다 우수한 것 같다.

'이노베이터의 딜레마'라고 하는 현상이나 구호에서 보면, 기존 기업은 미적거리는 것 같은 인상이었는데, 이것은 의외의 발견이다.

기존 기업에 의한 이노베이션은 늦어지기 마련에도 불구하고, 기존 기업의 이노베이션 능력이 높다는 것은 도대체 무슨 의미일까?

'무언가 할 능력이 있다'는 것과 '실제로 그 무언가를 한다'는 것은 다르다.

'재능이 있다'는 것과 '노력한다'는 것은 다르고, 무언가를 '해낸다'는 것 또한 별개의 이야기다. '재능과 노력 중에 어느 쪽이 중요한가'라든지 '결과를 내지 못하면 의미가 없다'라든지, 그런 쓸데없는 이야기를 하는 것이 아니다.

'세상에는 할 수 있지만 하고 싶지 않은 것이 있다'

는 이야기를 하고 있는 것이다. 가령 '별로 이익이 안 되는데 돈과 시간만 든다'거나 '새로운 이익을 창출하는 한편 기존의 이익을 깎아먹는다'고 생각되는 사업이 그것이다.

왜 이노베이션이 '그다지 이익이 되지 않는' 걸까? 그것은 기존 제품과 신제품의 대체성이 높고, 수요를 자기잠식해버리기 때문이다. 앞선 기호를 사용해보면,

$$\pi(양) < \pi(구) + \pi(신)$$

즉 신·구의 양 제품을 동시에 판매하는 회사의 이익은 그것들을 개별 판매하고 있는 2개사의 이익의 합계보다 적을 수밖에 없다.

왜 그럴까? 이 배경사정으로는 2장에서 설명한 이론 ① '수요의 대체성(자기잠식)'이 열쇠다.

'자기잠식 정도'를 데이터에서 실측한 것이 6장의 연구 단계 ① '수요의 회귀 분석'이었다. 추정결과는 기존 기업이 상당히 처참한 자기잠식 문제에 직면해 있는 것으로 나타났다.

……그렇다는 것은 역으로 말하면 '이노베이션으로는 큰 이익을 전망할 수 없음'에도 불구하고, (그것치고는) 기존 기업도 '나름대로 이노베이션을 감행하고 있었다'는 뜻이 된다. 그다지 하고 싶지 않았음에도 어느 정도는 실행하고 있었던가 보다.

앞 장의 예로 말하면,

'새 차를 좋아하는 건 아니지만(이익 π는 적다) 매년 새 차를 산다(비용 κ를 지불하고 있다)'

는 것과 같다.

'이익이 적을 행동'이 데이터에서 관찰되고 있다. 그렇다면 가능성은 하나다.

'새 차가 무척 싸다(비용 κ가 적다)'고밖에는 생각할 수 없다.

다른 말로 표현하면, '하고 싶지도 않은 일을 싫다고 하면서도 해내는' 것이므로, '재능'이 아니고 무엇이겠는가.

'이노베이션 능력'이라는 진취적인 성향을 측정하고 있었는데 뭔가 우울한 분위기가 되어 버렸다. 3단계에서 우리들이 발견한 것은 결국 이런 것이다.

'기존 기업이 이노베이션을 하는데 느린 것은 능력 부족 탓이 아니다. 의욕이나 노력이 결여되어 있기 때문이다.'

4단계: 과학으로서의 픽션

6~8장과 이번 장에 걸친 실증 1,2,3단계를 지나오면서, 수요·공급·투자라는 세 조각으로 된 '우리들의 세계관'에 '데이터 분석에 살 붙이기'를 해서, '추정을 마친 실증 모형'으로 완성했다. 그곳에는 세 가지 이론적 요소(자기잠식·선점하기·능력 격차)도 확실하게 들어가 있다.

세상에서 일어나는 현상의 표면을 따라가는 것이 아니라, 수요·공급·투자라는 본질적인(구조적인) 요소에까지 거슬러 올라가는 것. 그 세계상을 가리켜 '구조 모형'structural model이라고 부른다. 데이터와 대조하는 추정작업을 끝낸 구조 모형은 현실 세계의 미니어처다.

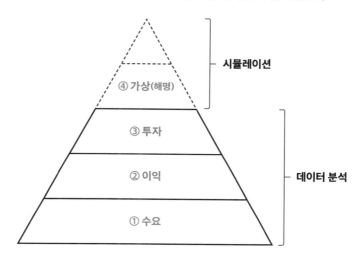

이번 장에서 완성한 것은 '이노베이터의 딜레마' 현상에 연관된 여러 측면을 현실 세계에서 도출한 '모형'이다.

1장의 낙하산이나 5장의 우주정거장 탈출 캡슐을 예로 들어 말하자면, 중력 가속도나 유체의 운동 패턴이 '본질적인 요소'에 해당하는 것인데, 그것들을 기술하는 데에 필요한 물리 법칙과 그 파라미터(만유인력 정수라든지)를 측정한 것이다. 이 '모형'을 사용하면 컴퓨터상에서 시뮬레이션이 가능하다. '낙하산의 낙하 속도'나 '탈출 캡슐이 해면에 착수했을 때의 충격' 같은 것을 계산할 준비가 된 것이다.

'만약 자기잠식이 없다면?'

'만약 선점하기의 유혹이 없다면?'

과 같은 (현실의 역사와는 다른) 가상의 산업 역사를 시뮬레이션 할수 있다.

이들 **'가상'** 시나리오에서 기존 기업과 신규 기업은, 어떤 행보를 보일까?

황당무계한 공상을 단순한 호기심이나 발상으로 그려내는 것은 아주 쉬운 일이다. 그러나 재미가 없다. 그런 것이 아니라 어디까지나 이론적으로도 앞뒤가 맞게, 이른바 '과학적으로 공상'해야 한다. 그것이 이론에 근거한 실증분석의 진미다. 현실에 존재하지 않는 것을 구상하고, 정밀하게 그려내는 것.

이러한 연구에서 중요한 것은 가상 시뮬레이션과 그에 앞선 현실의 모형화나 데이터 분석의 정밀도와 깊이. 그리고 대답해야 할 '질문'의 재미와 중요도다. 나는 개인적으로 연구를 '공상과학'(SF: 사이언스 픽션)이라고 부르고 있다. 과학을 추구하다보면 공상에 닿는다, 혹은 '공상을 과학적으로 행하는 방법이 있다'고 하는 것은 조금 신기한 이야기다.

가상 시뮬레이션 제1탄: 만약 '자기잠식'이 없다면?

가상 시뮬레이션 제1탄으로 '자기잠식이 없는 세계'를 구상해보자.

우선 무엇을 '자기잠식이 없는 세계'라고 하는가? 다양한 발상이 있을 수 있지만, 여기에서는 '신제품 부문과 기존 제품 부문을 완전히 분사화 한다'고 하는 설정을 시도해보자.

분사화란 과연 무엇일까?

기존 기업이 '자기잠식'(이라는 사회적인 이해 대립)으로 고민하지 않도록 하고 싶다. 그래서 동일한 회사 내에 신부문을 동거시키는 것이 아니고, 이들을 처음부터 '다른 회사'로 분리 경영시킨다는 발상이다.

- 구기술로 기존 제품을 제조·판매하는 '구사업부'를 단독으로 독립 채산한다.
- 신기술의 개발과 신제품의 투입에 힘쓰는 '신사업부' 역시 단독으로 경영하는 '사내 신규 기업'으로 본다(단 당장은 적자라도 파산하지 않도록 자금 지원을 한다).

분사화 함으로써 구사업부와 신사업부는 '자기잠식'을 신경 쓰지 않고 어디까지나 자기 부문의 이익만을 추구한다는 식으로 '게임의 설정'을 개선한 것이다. 서로 사내에서 일어나는 문제에 신경 쓰지 않고, 마음껏 자기잠식을 할 수 있게 된 환경이라고도 할 수 있다. 그래서 엄밀히 말하면 '자기잠식이 없는 세계'라기보다는 '면전에서 대놓고 하는 자기잠식'이라든지, '만인의 만인을 향한 투쟁'과 같은 세계이다.

'자기잠식이 없는 세계'의 설정으로는, 이 외에도 '신·기존 제품 간의 대체성 그 자체를 없애버린다'고 하는 발상도 있을 수 있다. 그러나 본 건의 경우, 그렇게 하기 위해 조금 임의적인 설정을 추가하지 않으면 안 된다(이 경우 신제품과 기존 제품의 수요를 각각 어느 정도의 규모로 상정하느냐에 따라 시뮬레이션 결과가 달라지고 만다). 그런 시뮬레이션은 본말이 전도된 것이므로 이치에 맞지 않다.

그에 비해 자기잠식에 따른 '동일한 회사 내의 이해 대립'을 소멸시키기 위해, 두 부문을 서로 다른 회사로 만드는 설정은 투박하지만

도표 9-4 | 기본 모형과 두 가지 가상 시뮬레이션

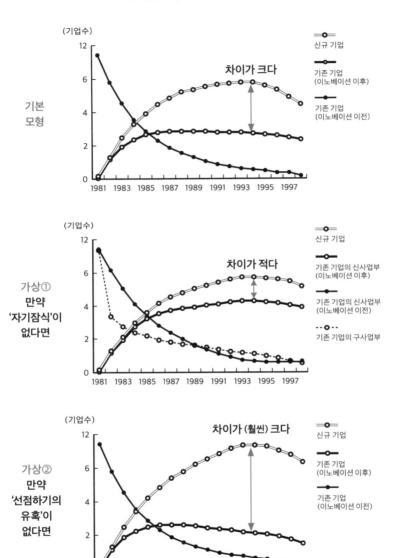

기본 모형

(기업수)

신규 기업

기존 기업
(이노베이션 이후)

기존 기업
(이노베이션 이전)

차이가 크다

가상①
만약
'자기잠식'이
없다면

(기업수)

신규 기업

기존 기업의 신사업부
(이노베이션 이후)

기존 기업의 신사업부
(이노베이션 이전)

기존 기업의 구사업부

차이가 적다

가상②
만약
'선점하기의
유혹'이
없다면

(기업수)

차이가 (훨씬) 크다

신규 기업

기존 기업
(이노베이션 이후)

기존 기업
(이노베이션 이전)

명확하긴 하다.

이 새로운 설정의 세계에서는 기존 기업의 신사업부가(사내의 이익 대립을 신경 쓰는 일 없이) 적극적으로 신제품을 투입하게 된다.

도표 9-4의 맨 위의 그래프는 '현실의 데이터'에 따른 세계이고, 2번째 그래프가 '자기잠식이 없는 가상의 세계'이다. 두 개의 그래프를 비교해보면, 상당히 다른 전개를 발견할 수 있다.

- 현실 세계의 설정(분사화 하지 않은)에서는 기존 기업의 이노베이션('신·구 양 제품을 판매'하는 기업수의 증가 모습)이 신규 기업의 진입만큼 기세는 없다.
- 자기잠식이 없는 세계(분사화해 경쟁)에서는 '기존 기업의 신사업부'가 상당히 적극적으로 신제품을 판매하고 있다. 신규 기업의 기세까지는 따라잡을 수 없지만, 첫 번째 그래프만큼 큰 격차는 벌어지지 않고 이노베이션의 지연도 반 정도로 줄어들었다.

'자기잠식이 없는 세계'에 있어서도 '기존 기업의 지연'이 완전히 소멸하지 않은 것을 왜일까?

신규 기업은 하루라도 빨리 이익을 내지 않으면 안 된다. 벤처투자는 자선 사업이 아니다. 투자펀드가 언제까지고 개발 자금을 제공해 줄 리가 없다.

그에 비해 기존 기업의 신사업부에는 시간적 여유가 있다. 사내 벤처에는 '본사'라고 하는 자금원이 있으므로,

'신제품 시장 투입 타이밍을 지켜보는데, 경우에 따라서는 몇 년을 기다렸다가 진입한다'

고 하는 재량의 여지가 남아 있다.

'뒤로 미룬다'고 하는 한심한 일을 근사하게 표현하면 '결단을 미루는 옵션의 가치'가 있다고도 할 수 있다. 단 '미루는 것이 용인'되는 자유는 자칫 타성에 젖는다는 의미로 양날의 검과 같다.

가상 시뮬레이션 제2탄: 만약 '선점하기'가 없다면?

기존 기업은 자기잠식 문제에만 발목이 잡혀 있는 것이 아니다.

3장에서 소개한 이론 ② '선점하기 전략'을 떠올려 보자. 신규 기업이 등장하기 전에 신기술을 도입해버리는 쪽이 경쟁의 격화와 그에 따른 이익의 감소를 미연에 방지할 수 있다. 그래서 기존 기업에게는 '선제 공격의 유혹이 강해서 기회가 왔을 때 선점하도록 되어 있다'고 하는 또 다른 면도 있을 것이다.

이 '진취적인 힘'의 크기는 경쟁과 이익의 관계, 즉 '시장구조(여기서는 라이벌 기업의 수와 이노베이션 상태)에 따라 자신의 이익이 얼마나 변화하는가'에 좌우된다. 7장에서 수치화한 대로 이익 함수의 형태에 달려 있다.

그렇다면 만약 '선점하기의 유혹'이 없다면 기존 기업의 이노베이션은 얼마나 지연될까? 도표 9-4의 세 번째 그래프는 '선점하기의 유혹'을 없앤 또 하나의 평행 세계에 대한 모의실험이다.

어떻게 하면 '선점하기'의 스위치를 끌 수 있을까?

이것 역시 방법은 많겠지만 여기에서는 '경영자의 뇌의 일부분을 채취해 로보토미 수술(전두엽 절제술)을 하려고 한다.

현실의 뇌는 복잡해서 그렇게 간단하게 원하는 기능만을 없애는 수술은 불가능하다고 한다. 그러나 이곳은 망상의 세계이므로 뇌신경 과학이나 해부학적인 엄밀함은 무시하자. 내가 만든 컴퓨터 프로그램을 조금 바꾼 것뿐이다.

경영자들의 뇌에 '무력감'을 심어보자.

'자신이 이노베이션을 하든 말든 신규 기업의 진입을 막을 수는 없다'

고 하는 우울한 미래 예상도를 기존 기업의 경영자 한 사람 한 사람에게 심는 것이다.

동시에 신규 기업의 기업가들에게도

'자신이 진입하든 말든 기존 기업의 이노베이션 의욕을 막을 수는 없다'

고 믿게 만든다.

실제 HDD 업계는 전략적이고 다이나믹해서, 각 회사의 행동은 서로에게 영향을 주고 있다. 그러나 이 가상 시뮬레이션에서는 시장 현황의 앞을 내다보려는 경영자들에게 오히려 '눈가리개'를 해버리는 것이다.

이러한 '무력감'에 빠진 기존 기업 사람들은 안 그래도 자기잠식으로 인한 '사내 대립'으로 걸음이 늦어지고 있는데, 라이벌 각사와의 경합이라고 하는 (좋은 의미의) '외압'으로 인해 이노베이션에 투자할 의욕이 사라지고 만다.

그 결과, 그들의 투자 속도는 극단적으로 느려질 것이다. 실제로

도표 9-4의 세 번째 그래프에서는 기존 기업이 신규 기업과 상당히 큰 격차를 보이고 있다.

가상 시뮬레이션 제3탄: 만약 '능력 격차'가 없다면?

지금까지 '자기잠식이 없는 세계'와 '선점하기가 없는 세계'였다면 다음은 '능력 격차가 없는 세계'도 시뮬레이션하고 싶어질 것이다. 그 것은 가능하다. 그러나 재미가 없어서 생략하기로 한다.

이번 장의 전반에서 판명된 것처럼 기존 기업의 이노베이션 능력 은 사실 높다. 그럼에도 불구하고 실제 투자 속도는 신규 기업보다 늦 다.

그래서 '만약 기존 기업의 능력이 (신규 기업과 같은 정도로) 낮다면?' 이라는 시뮬레이션 결과는 일부러 계산할 것도 없다. 참담할 것이 명 백하다. (그래도 결과가 알고 싶다면 이 책의 시료가 된 논문을 참고하길 바란 다.)

'딜레마의 해명', 일단 결론

여기서 6~9장(1~4단계)에서 알 수 있었던 것들을 정리해보자.

• 세 가지 이론

- 그들을 대입한 실증분석의 세 가지 단계
- 그리고 가상 시뮬레이션

피라미드를 4층까지 올라가면서 밝힌 것은 결국 이런 것이다.

'기존 기업은 선점하기의 유혹에 내몰려 있다'

'이노베이션 능력도 실은 상당히 높다'

'그럼에도 불구하고 저조한 것은 주로 자기잠식 탓이다.'

……그렇다면 어떻게 해야 하는가?

남은 10장과 11장에서는 기존 기업이 살아남기 위한 방책과 사회 (세계) 전체에 바람직한 방책에 대해 생각해보기로 하자.

마니아를 위한 보충(무시하고 10장으로 넘어가도 좋다)

앞 장과 이번 장에서 활용한 '동학 모형의 실증분석'의 설정은 전문적으로는 '동학적인 이산 선택'dynamic discrete choice 모형으로 알려져 있다. 이전 예일대학에서도 재직한 적이 있는 존 러스트John Rust가 80년대에 쓴 대표작 〈GE사 버스 엔진의 최적의 교환: 해럴드 주커 씨에 관한 실증 모형〉(1987년, 〈이코노메트리카〉Econometrica 게재)이라는 논문으로 특히 유명하다.

러스트가 위스콘신대학 매디슨캠퍼스에 근무하고 있던 무렵, 같은 위스콘신주 매디슨시의 시영버스 관리자였던 해럴드 주커 씨의 보수 유지 일지가 테마의 출처다. 이 주커 씨의 엔진 교환 작업을 '앞을 내다 본 투자 행동'이라고 간파한 뒤 전에 없던 동학적 미시 실증 연구로 다듬은 것이 이 논문이다.

러스트 씨 본인은, '난 그저 벨먼과 맥패든의 선행 연구를 이어 붙였을 뿐이다' 하고 대수롭지 않게 말하지만, 과거 30년간 이 이상의 연구는 존재하지 않는다.

참고로 리처드 벨먼$^{Richard\ Ernest\ Bellman}$은 1950년대에 '동적 계획법'$^{dynamic\ programming}$을 주창했다. 최단 환승 거리의 검색 같은 형태로, 지금도 흔히 쓰이는 기초기술이다.

한편 계량경제학자 대니얼 맥패든은 1970년에 '이산 선택'$^{discrete\ choice}$ 문제를 경제학적으로 풀어내 노벨상을 수상했다. 6장에서 사용한 '차별화된 재화의 수요분석'은 그 응용이었다.

이번 장의 분석은 러스트 씨의 방법을 '게임'으로 확장하고 있다. 내 모형의 특징으로는 '비정상·유한 기간·불확정·불완전 정보를 가진 상황에서 순차적으로 진행하는 동학 게임'인데, 비유하자면 체스나 장기의 10~20명 버전 게임을 주사위를 던져서 진행하는 것 같은 느낌이라 할 수 있다. 그래서 앞 장에서 예를 든 '모노폴리'게임의 이미지에 가깝다.

또한 '이노베이션의 매몰 비용(κ)을 추정할 때, '여기가 가장 시간이 걸린다'고 말씀드렸다. 추정 자체는 최우추정법[14]이라는 기본적인 통계 방법으로, 우도 함수의 평가치를 계산할 때 '동학 게임의 균형'(완전 베이즈Bayes 균형 혹은 순차 균형)을 '역행 귀납법'$^{backward\ induction}$으로 찾아서 맞출 필요가 있었기 때문이다. 정확한 파라미터 값, 즉 구체적인 κ(기)와 κ(신)의 추정치에 도달하기 위해서는 상당한 횟수의 계산을 해야 한다.

....

14) maximum likelihood estimation. 데이터 값이 실현하는 확률 즉 우도(likelihood)를 미지의 파라미터 함수로 표현하고 이를 최대화함으로써 파라미터를 추정하는 방법

계산량이 많은 것은 러스트의 다중구조식 부동점$^{\text{nested fixed-point}}$ 알고리즘의 특징이지만, 내가 다루는 게임에서는 특히 그 부담이 크다. 루프 연산 처리가 빠른 C나 C++라고 하는 프로그래밍 언어에 이식하거나 '병렬 계산'화(2장의 GPU 이야기에서 나왔다)를 진행했다.

이러한 계산·프로그래밍의 상세는 경제학에서는 반드시 본질적인 것은 아니다. 그러나 실제로 계산을 할 수 없으면 아무것도 할 수 없다. 특별히 우수한 프로그래머가 되지 않아도 좋지만, 그런 기술을 저항 없이 사용할 수 있도록 해두자. 그러면,

'어느 프로그래머에게 일을 맡기면 좋을까'

'무엇을, 어떤 식으로 의뢰하면 좋을까'

'그 프로그래머의 성과를 어떻게 평가하면 좋을까'

하는 문제를 스스로 알게 될 것이다.

제10장

"Solving" the Dilemma(I)

딜레마의 '해결'(I)

앞 장까지의 요약

기존 기업에 의한 이노베이션이 신규 기업보다 늦어지기 쉽다는 '이노베이터의 딜레마'. 20년 전의 경영학을 유명하게 만든 이 현상은 정성적^{定性的}인 사례 연구에 근거한 일종의 경험 법칙이다. 크리스텐슨처럼 하드디스크 업계의 데이터를 입수한 내가 그 메커니즘을 경제학적으로 해명하자 다음과 같은 실태가 드러났다.

- 첫째, 수요측면의 분석(6장)에서는 신·기존 제품 간의 대체성은 상당히 크고 양자는 경합 관계에 있으므로 고객을 자기잠식한다는 것이 판명되었다. 이러한 경우 애써 신기술·신제품을 도입해도 기존 제품의 매출 감소를 초래하므로

기존 기업 입장에서는 이노베이션에 그다지 적극적일 수 없다. 사내에서도 신·구 부문 간의 자금과 인재 쟁탈이 과격해질 것이다.

- 둘째, 공급측면의 분석(7장)에서는 '라이벌 기업 수가 증가하면 기업별 당기 이익은 감소한다'고 하는 당연한 이치가 수치화되었다. 판매량이 감소할 뿐 아니라, 경쟁 격화로 인해 이익의 폭도 낮아지므로 이익의 감소는 심각하다. 기존 기업 입장에서는 타사가 신시장을 장악하기 전에(그리고 신규 기업이 진입하기 전에) 선수를 치는 게 상책이다. 선점하기 전략의 가치는 크다.

- 셋째, 투자의 동학 게임 분석(8·9장)에서는 연구개발 능력에 관한 한 기존 기업 쪽이 신규 기업보다 우수하다는 것을 알았다. 여기서 말하는 '이노베이션 능력'은 기존 기업이 쌓아온 '기술 자본이나 조직 자본이라는 강점'과 신규 기업의 특징인 '의사 결정의 스피드와 유연성' 등 각 회사의 온갖 장점과 단점을 합산한 숫자다. '모두 제각각 떠들고 있지만 실제로는 어떤가?'라고 하는 최종 결산이다.

'교만한 자는 오래가지 못한다'고 말하면, 무능해보이는 데다 시대에 뒤처진 것처럼 느껴지지만, 잘 조사해보면 기존 기업에 결여되어 있었던 것은 '능력'이 아니라 '의욕' 쪽이었던 것 같다. 돼지 목에 진주 목걸이다.

자네의 '질문'은 뭐지?

문제를 '해결'하기 위해서는 우선 문제 그 자체를 정의할 필요가 있다.

UCLA의 박사과정에서 내 지도교수는 에드워드 리머 교수였다. 그는 경쟁이나 이노베이션의 전문가는 아니었지만 두 개의 질문을 던짐으로써 연구를 훌륭하게 지도했다.

리머 교수의 첫 번째 질문은, "자네의 '질문'은 뭐지?"^{"What's your question?}

연구프로젝트를 일관하는 관심사는 무엇이냐는 의미였는데,

'그것을 (연구 결과에 따라 '해답'해야 할 '질문'으로서) 응축해 간결한 의문문으로 표현하시오'

라고 요구하는 것이 핵심이다.

언뜻 아주 평범해보이는 질문이지만 세상의 많은 연구는 이 항목을 해결하지 못했다.

'ㅇㅇ이론모형을 ××로 확장해 보았습니다'

'ㅇㅇ계량방법을 ××에 응용해 보았습니다'

'ㅇㅇ업계의 ××전략에 대해 조사했습니다'

로 끝나 있다. 나 자신도 여전히 되풀이하고 있는 과오이다.

이러한 미지근한 기획에 대해 리머 교수의 반응은 단 한마디,

"그것은 '질문'이 아닐세."^{That's not a question.}

처음부터 다시 생각하라고 했다.

물론 분야에 따라서는 순수하게 '더욱 범용성이 높은 이론'이나 '지금보다 편리한 계량 방법'의 개발이 그대로 우수한 연구가 된다.

그러나 실증·응용에 있어서, '질문이 없는 연구'는 '재미없는 코미디'와 같은 것이다.

'모형 확장', '방법 응용', '업계 조사'. 다 좋다. 하지만,

- 왜 그 작업을 하는가?
- 그것을 할 수 있으면 무엇이 좋은가?

라고 하는 '동기'가 없으면 소용없다.

그의 질문은 집요하게 이어진다. 도중에 포기해버리는 학생도 있을 정도다. 동문인 예일대학 경영대학원의 피터 쇼트[peter schott] 교수의 웹사이트에는 지금도 "Talk to Ed"(에드와 이야기하자)라고 하는 명물 코너가 있어, 에드의 '대화형' 논문 지도를 체험할 수 있다.

갑자기 '논문 지도' 이야기가 나온 것을 이상하게 여길 수도 있을 것이다. 그러나 대학 시절의 동급생(신규 기업의 창업자)에게 이 이야기를 하자,

"투자도 기업도 경영도 결국 그 '질문'이 모든 것이다."

라고 했다.

급기야 이 책의 제목도 《자네 질문은 뭔가?》로 해야 한다고 주장하기도 했다.

그런 제목의 '경영자를 위한 자기계발서'는 언젠가 그가 쓰는 걸

로 하자. 언뜻 보기에 경영학의 전문적인 이야기만 하는 것 같지만 연구라는 것의 저류에 있는 교훈이라든지 자세에는 의외로 여러 용도가 있다는 뜻이다.

이상의 주의점에 입각해 이 책의 여기까지의 '질문'을 재검토하자면,

- 왜 기존 기업의 이노베이션은 신규 기업보다 늦는 걸까?
- 그 메커니즘을 지배하는 세 가지 이론적 '힘'은 각각 얼마나 큰 것일까?

라는 점이었다.

'현상의 원인 규명'과 '추상 개념의 실측'을 목적으로 하는 타입의 '질문'이다.

"무슨 상관인데?"

여기에 또다시 날아드는 리머 교수의 두 번째 질문은 이것이다.

"무슨 상관인데?"who cares?

이 말만 들으면 싸움을 거는 게 아닐까 생각할지 모르겠으나 자세히 설명하면 이렇다.

"세상에 누가 그 '질문'에 관심을 가져야 하는가?"Who should care about your question?

경제학의 경우, 한 기업, 한 노동자, 한 소비자뿐 아니라 사회, 경제, 세계 '전체'에 있어 모든 일의 좋고 나쁨이 최종적인 관심사이다.

이것이 사회 전체의 기반이 되는 룰이기 때문에 여기서는 '정부 정책'의 존재감이 커진다. 그래서 여기서 말하는,

'세상에서 누가?'

라는 것은 구체적으로는 '어느 정책 분야에 있어서' 중요한 질문인가, 하는 뜻이다.

가령 경기나 물가, 경제 성장이라는 거시경제학의 고전적인 토픽은 '재정 정책'이나 '금융 정책'이라는 카테고리에 속한다. 따라서 경기·물가·성장에 얽힌 질문에는, '정부', '중앙은행'의 시책을 통해 어떻게 '세계 인류의 최대 행복'에 공헌할 수 있는지도 포함되어 있다.

실제로는 정치가와 관료와 '유권자'는 모두 사리사욕으로 움직이고 있어, 학자가 하는 말에 "네, 그렇군요" 하고 귀를 기울여줄 리가 없다(그런 메커니즘은 정치경제학이라는 분야의 연구 대상이다). 그러나 인류 중에서 누군가는 진지하게 생각해야만 한다는 것도 사실이다. 일단,

'(미래에) 어느 정책 분야의 관계자가 관심을 갖는(가져야만 하는) 질문인가?'

라고 괄호 안의 말을 보충함으로써 현실과 타협하며, 좀 더 나아가 보자.

그렇다면 이 책의 '질문'에는 누가 관심을 갖는(가져야만 하는) 걸

까?

전 인류가 관심을 가져야(만) 할 것이다.

'경쟁과 이노베이션'은,

• 당사자인 기업과 업계 관계자 및 주주

만이 아니라

• 타 업계의 기업 고객과 개인 고객

에게도 영향을 준다. 또한

• 지적 재산권에 관한 법률
• 산업 정책·무역 정책
• 경쟁 정책·독점규제법

이라고 하는 정책 분야를 (정작) 어떻게 디자인·운용해야(만) 할까, 하는 문제에 직접 관련되어 있다. 그리고 '기술의 성쇠'가 '산업의 성쇠'로 이어지는 이상, '실업'이나 '인재 부족'과 같은 노동 시장 문제는 최종적으로는 '창조적 파괴의 역사적 프로세스'가 진원지다. 나아가 교육과 연구라는 '투자'(지식·기술·그 이용법에 '투자')로의 예산 배분도 중요한 과제다.

이것들은 생각나는 대로 야금야금 관련 정책 분야를 끄집어낸 것에 지나지 않으나, 좀 더 크고 높은 곳으로 '관점'을 옮겨보면,

- 우리들(의 정책) 전체의 수입·지출이라는 관점에서 볼 때, 각종 정책은 유익하다 할 수 있는가?
- 우리들의 장기적인 생활 수준(의 결정 요인인 기술혁신)을 얼마나 향상·촉진할 수 있는가?

라고 하는 '정부의 존재 의식의 근간에 관한 문제'와도 무관하지 않다.

달리 일부러 허풍을 떠는 게 아니다. 자신의 전문 분야를 자랑하기 위해 쓰고 있는 것도 아니다. 오히려 이만큼 중요한 '질문'이기 때문에, 나는 열심히 햇수로 10년씩이나 '경쟁과 기술혁신'을 연구하고 있는 것이다.

전술한 전 항목에 대해 말하자면 책 몇 권으로도 모자라고, 예리함도 둔해질 것이다. 그래서 다음 장에서는 '기술혁신을 촉진하는 지적 재산권 법률'에 초점을 맞춘 정책의 효과를 시뮬레이션하려 한다.

그런데 앞 장까지는 '기존 기업'이라든지 '블랙기업', '사나운 연인'과 같은 자주 듣는 화제를 편하게 이야기하다가 여기서 갑자기 정부나 세계 인류의 이야기로 넘어가면 어리둥절할 것이다

그래서 우선 기업 경영 수준의 '관점'으로 돌아가 '그렇다면 어떻게 해야 할까'를 생각해보자.

'굴레'를 이야기하는 메타포

기술의 세대교체에 따라 산업의 신진대사가 이루어진다고 하는 창조적 파괴의 프로세스. 멀리서 바라보고 있으면 너무나 극적이고 흥미롭다. 그러나 당사자에게는 사활이 걸린 문제라 재미로 떠들 문제가 아니다. 여기서 말하는 당사자란 기업과 그 경영자, 종업원, 그리고 주주를 말한다.

신규 기업은 신규 진입·신기술 도입을 할까 말까 고심하며 느긋하게 있을 상황이 아니다. 당연히 해야 할 수밖에 없다. 처한 상황은 위태롭고 승산은 별로 없다. 그러나 다른 선택지는 없다. 그런 의미에서 문제 설정은 단순하다.

한편 기존 기업에 있어 문제는 조금 더 복잡하다. 주력 사업이 있고, 베테랑 사원이 있으며, 주요 고객도 있다. 어중간하긴 해도 모아둔 자금도 있으니 '지금 당장 무언가를 하지 않으면 죽는다'는 긴박감은 없다. 하지만, 막상 신사업에 힘을 써볼까 해도 온갖 굴레가 있다.

대표적인 '굴레'가 바로 신·기존 제품 간의 '자기잠식'이다.

이 책의 수리적 분석은 좀 까칠해서 '기분 나쁘고 속는 것 같다', '합리적인 소비자라든지 경영자 같은 게 현실에 있을 리가 있나' 하고 한마디 하고 싶어질 것이다. 그러나 그것은 표면적인 인식이다.

이 세상의 현상에 대한 느낌을 말로 표현하는 것은 도저히 불가능하지만, 그럼에도 불구하고 사람은 말이나 그 밖의 여러 수단을 사용해 무언가를 표현하고 전달하고 싶어 한다.

방정식과 그리스 문자만으로 경영 활동(이나 그것을 포함한 모든 것)

을 표현해내는 것은 어렵다. 어차피 현실 세계의 '가지'를 쳐내고 단순화하기 위해 모형을 만들었으니 수식 자체에는 '현실'이 거의 등장하지 않는다.

그럼에도 불구하고, 수식의 행간을 읽고, 그 배경에 상상력을 더할 수는 있다.

가령 모형상의 '자기잠식'은 '차별화된 재화 간의 수요의 대체성' 이외에는 없다. 그곳에는 사내의 개별 사정 등이 명시되어 있지 않고, '인간드라마'도 '나의 이력서'도 없다. 산업 전체의 장기적인 성쇠를 그리려고 하면, 그러한 세부사항을 넣기에는 데이터가 불완전하고, 논리적인 교통 정리가 불가능해져버린다. 그래서는 모형화한 의미가 없다.

그러나 '수요의 대체성'을 진원지로 온갖 알력이 생겨나는 모습을 떠올려 볼 수는 있다. 부문 간의 경쟁이나 사내 정치, 개인적·문화적인 충돌 등이다. 그것은 결국 상상력 문제다.

그런 의미에서 앞 장까지 등장한 전문용어는, 눅눅한 현실을 일부러 상쾌하게 이해하고 처리하기 위한 '메타포'(은유)인 것이다.

그렇다면 무엇이 '근간'이고 무엇이 '가지'인가?

무엇에 초점을 맞추고 무엇을 버릴 것인가, 하는 선택은 분석의 목적에 맞춰 정해야 할 일이다.

그곳에서 무엇을 배우고 싶은가?

산업이나 기업의 어느 곳, 어느 측면에 대해 어느 정도의 '해상도'로 분석하고 싶은가? '질문'에 따라 구성이나 방법을 선택하는 것이다.

그렇기 때문에 '질문'의 설정이 결정적으로 중요하다.

그렇다면 어떻게 해야 하는가?

만약 당신에게 기존 기업의 서바이벌이 최우선 사항이라면 '굴레'가 어쩌고 얘기할 때가 아니다. 신규 기업과 똑같이 생각하고 행동할 수밖에 없다.

앞 장의 가상 시뮬레이션 '만약 자기잠식이 없다면'이 나타내는 대로 기존 사업의 굴레를 무시할 수 있다면 신기술의 구현과 상업화를 신규 기업과 근접한 속도로 진행하는 것도 충분히 가능하다.

창조적 파괴의 거친 파도에서 살아남기 위해서는 창조적 '자기' 파괴가 필요하다.

그것이 정론이라는 것 외에 솔직히 할 말도 별로 없다.

그러나 세상의 모든 이치와 마찬가지로 당연한 것을 당연하게 하는 것이 가장 어렵다.

그래서 정론의 '무엇이 어떻게 어려운가?'에 대해서도 밝혀두기로 하자.

착안점을 다섯 개 준비했다.

① 신사업 부문을 얼마나 키울 것인가

② 신사업 부문을 사 오는 것은 어떤가

③ 어쩔 수 없다고 구사업 부문을 사원까지 몽땅 해고하는 일이 가능할까

④ 살아남기 위해서는 일단 죽을 필요가 있다

⑤ 경영자 입장에서의 '최적'과 주주 입장에서의 '최적'은 다르다

난제 ①: 시원찮은 신사업을 키우는 방법

신사업 부문을 분사화해서, 구부문과의 자기잠식을 불사하는 방법에 대해 알아보자.

주요 고객과 주력 제품을 거느린 구사업 부문은 사내에서 주류이고, 그 권익에 해가 된다면 서슴지 않고 신사업 부문의 목을 조를 것이다. 이러한 '기득권'의 지배는 모든 것이 뒤쳐질 때까지 이어진다.

대항하는 것은 하늘의 별따기이다. 사장부터가 주력 부문 출신인 경우가 많을 것이다. 그렇지 않다고 해도 각 부서의 현실 인식과 업무 진행 상황은 자연히 지금까지의 주력 제품을 중심으로 돌아가고 있을 것이다. 만약 이 책을 읽고 위기감을 느낀 월급 사장이나 젊은 사원이 아무리 핏대를 세워봤자 헛수고로 끝날 공산이 크다. 자칫하다간 '파괴적 이노베이션'이 최초로 파괴하는 것은 본인의 경력일지도 모른다.

그래서 크리스텐슨 교수가 제안한 것이 신사업부를 본사에서 독립시켜, 어딘가 멀리 떨어진 곳에 두고 사장 직속의 프로젝트로 돈과 인재와 권한을 준다고 하는 아이디어였다. 앞 장의 '만약 자기잠식이 없다면?'이라는 가상 시뮬레이션도 바로 이것이다.

그러나 사실상 '그림의 떡'으로 끝나는 경우가 많다. 제아무리 사장 직속 프로젝트라고 하더라도, 사장 자신도 사내 정치에서 자유롭지 못하기 때문이다. 또한 본사에서 떨어진 신설사업부에 스스로 지원해서 갈 인원이 얼마나 있을까? 주력 사업의 스타 사원이 언제 소멸될지 모르는 약소 부문에 자진해서 가려 할까? 주력 사업의 간부들은 우수한 부하를 순순히 내줄까?

그렇게 되면 사내 벤처제도가 아주 깊이 뿌리내린 회사가 아니라면 '의욕'과 '능력'을 겸비한 인재의 투입은 무리한 시책일지도 모른다.

그렇다면 인원을 신규 채용 한다면 어떨까?

운이 좋아 즉시 전력이 모두 갖춰진다면 좋겠지만, 그러나 도대체 어디서 그런 인재를 모은단 말인가? 라이벌 기업에서? 실패한 신규 기업의 전 사원?

물론 사장이 본격적으로, 심지어 그 열의가 계속 지속된다면 불가능하지는 않을 것이다. 단 이것은 이미 '기업가가 신규 기업을 처음부터 일으킨다'는 것만큼 난제인 것이다.

난제 ②: '키울 수 없다면 사 오면 되잖아?'

신사업 육성을 본격적으로 하려면, 창업자와 같은 정도의 노력과 재능이 필요하다. 사람에게는 잘하는 것과 못하는 것이 있어서 '대기업의 조정형 리더'가 동시에 '업계의 혁명가'가 될지는 미지수일 것이다.

차라리 유망해보이는 기술(을 가진 벤처기업)을 경영진과 엔지니어 팀과 함께 통째로 사들이는 쪽이 빠르지 않을까?

실제로 기업 매수를 이노베이션 활동의 주축으로 삼고 성공하고 있는 회사도 있다. 1980년대에 스탠퍼드대학의 학내 네트워크 담당 엔지니어였던 부부(당시)가 창업한 미 시스코사는 네트워크기기 제조사다. 그런데 1993년 크레센도사 매수를 시작으로 매년 대량의 M&A를 실시해 왔다.

1990년대부터 2000년대에 이르기까지 급성장을 하는데 큰 공헌을 한 존 챔버스^{John Chambers} CEO의 발상과 방법은 다음과 같다.

- 6개월 이내에 자사에서 개발할 수 없는 제품은 타사를 매수해서 손에 넣을 것. 최종목적은 고객이 '시스코사와의 거래만으로도 필요한 네트워크 기기를 모두 조달할 수 있는' 원스톱 숍의 품목을 갖출 것.
- 대기업끼리의 '대등 병합'은 내부 분열로 이어져 실패할 수 있으므로 매수 타깃은 아직 작은 벤처기업에 한함. 신제품의 프로토타입[15]이 가능할까 말까 할 정도로, 초기 단계의 기술을 가진 회사가 좋음. 경영진과 엔지니어팀 전체를 시스코사로 '이적'시킨다. 나머지는 하고 싶은 대로 둔다. 대형 백화점 내에 신규 전문점을 출점하는 느낌이라고 생각하면 된다.
- 시스코 측은 개발비를 지원할 뿐만 아니라, 제품화 후의 대량 생산과 판매망을 맡는다. 이러한 상호 보완 관계는 대규모 제약회사가 의약품 개발에만 주력하는 바이오벤처를 매수하는 것과 비슷하다.
- 양 조직의 '문화'가 비슷하지 않으면 합병은 힘들다. 궁합이 맞는지 확인하기 위해 일단 소규모 제휴 관계·공동 프로젝트라는 형태로 타깃 기업과의 인연을 만들어 간다.
- 타깃 기업의 사원이 시스코사에 원활하게 융합될 수 있도록 'M&A의 사후 처리'에 특화된 부서를 설치하고, 새롭게 시스코에 합류한 '팀'을 위해 전반적인

---

15) prototype, 본격적인 상품으로 나오기 전 성능을 검증, 개선하기 위해 제작하는 시제품.

책임을 진다.

- 매수 후 합류한 인재의 대우는, 특히 해고할 경우 반드시 타깃 기업의 (전)사장
  과 협의 후 결정할 것.

M&A라고 하면 영미 쪽의 기업 경영에서 성공적으로 이루어지는 편이라고 생각하지만, 사실은 미국에서도 실패하는 쪽이 많다. 이렇게 체계적으로 타깃을 선정하고, 접촉한 뒤, 확실한 사후 처리 부서까지 설치한 회사(그리고, 그럭저럭 M&A의 성공 실적을 쌓고 있는 회사)는 시스코 이외에는 별로 들어본 적이 없다.

'키우지 못하는 것은 사 오면 된다'라는 건 마치 '빵이 없으면 케이크를 먹으면 되잖아요?'라고 하는 식의 유명한 대사 같아서, 자칫하면 무책임하게도 들린다.

그러나 이러한 M&A 전략 검토를 통해 '회사'의 본연의 자세를 배울 수 있을 것이다. 시스코 관련 책은 몇 권이나 나와 있는데 궁금한 사람은 내가 읽은 5권 중에서 가장 좋았던 《The Eye of The Storm: John Chambers Steered Cisco Through the Technology Collapse》(Robert Slater/2003년)를 읽어보면 좋을 것이다.

난제 ③: 당신은 정말 구사업 부문을 잘라낼 수 있는가?

여기까지의 논점은 '자사 개발'과 '타사 매수'의 차이는 있지만, 둘

다 이노베이션을 위해 '스스로 만들까', '사 올까' 하는 긍정적인 화제였다. 둘 다 어설프게 했다가는 성공할 수 없겠지만, 새로운 무언가를 시도하는 것은 설레는 일이다.

그러나 기존 기업에게 정말 어려운 일은 구사업 부문을 없애는 일일지도 모른다. 만약 신사업이 궤도에 올라 차세대 주력 상품으로 성장했다고 가정해보자. 신·구 기술의 세대교체에 20년이나 30년이 걸린다는 상황이라면 신·구 부문이 공존, 공영할 수 있는 기간도 길고, 구사업 부문에 대해 의식적으로 무언가를 단행할 필요는 없을 것이다.

그러나 그런 여유가 없을지도 모른다. 구사업 부문의 적자로 손발이 묶일지도 모른다. 문제는 자신의 손으로 구사업 부문을 '인정사정 볼 것 없이' 잘라낼 만큼의 결단력을 가질 수 있느냐다.

일본의 의약품회사 다케다의 창업은 에도시대였으나, 성장의 계기는 전전·전후의 비타민C 제조와 수출이었다. 2장에서 동질적인 재화의 예로 언급한 것처럼 비타민은 누가 만들어도 같아서 제품 차별화가 어렵고, 의약품과 비교해 이익률도 낮다. 기술혁신의 여지도 적어서 박리다매 부문이다.

그럼에도 불구하고, 다케다가 비타민 사업을 독일의 BASF에 매각한 것은 2001년 이후의 일이었다. 적자 사업에서 퇴출을 단행한 것은 사업의 '선택과 집중'이라고 하는 의약품 업계의 세계적 조류 때문만은 아니었다. 기업 연합 사건으로 서구의 독점규제법에 따른 형사 소추와 거액의 벌금 문제가 있었고 그리고 창업자 출신 사장에 의한 '독재적인 경영스타일' 덕분이라고 한다.

당신이라면 '잘라내기'가 가능했을까?

'블랙기업'에서 당장 나올 수 있었을까?

'사나운 연인'에게 헤어지자고 말할 수 있었을까?

이 질문에서 잠시라도 고민에 빠졌다면 아마 당신은 못할 것이다.

자신이 예전에 동경하며 나아간 전문 분야와 회사를, 자신을 다독이고 키워준 선배와 동료를 배신하는 일을 어떻게 하겠는가. 자신의 반평생을 바친 곳이며 정체성마저 있는 (구)주력 사업을 버리는 일은 당신에게는 불가능하다.

미룰 수도 있을 것이다. 1년이나 2년, 중기 경영계획의 5년간, 혹은 자신의 재임기간 중이라면 '앞으로의 시장 동향에 주목해', '신기술의 잠재력을 신중하게 따져보면서', '졸속하고 경박한 판단을 조심하며', '어떤 일이라도 주위와의 연락과 의논을 빠뜨리지 않고', '타사와의 전략적 파트너십과 에코시스템의 신속한 구성을', '긍정적으로 검토'하면 되지 않을까.

일부러 타인에게 미움 받고 싶어 하는 사람은 없다.

IBM이라는 회사는 변화가 격심한 IT·컴퓨터 관련 업계에 있으면서도 창업한 지 100년이 넘은 데다 대기업의 일각으로 살아남은 신기한 조직이다. 원래는 펀치 카드(종이에 구멍을 뚫어 데이터를 기록), 타임 레코드(타임카드와 세트로 출퇴근을 기록하는 기계), 금전등록기 등을 만들던 3~4개 회사가 1911년에 합병해 만들어진 회사라고 한다.

아직 전자계산기(지금 말하는 컴퓨터)가 존재하지 않던 시대에 'International Business Machines'이라는 신기한 이름을 걸고 나와 업무용 대형컴퓨터 시장을 창출, 독점했다. '컴퓨터 하면 IBM', 'IBM 하면 컴퓨터'였다.

그럼에도, 2005년에는 컴퓨터 사업을 중국의 국유기업 Lenovo에 매각하고, IBM이 발명한 관련기기인 HDD 사업도 히타치에 팔아버렸다. 하드웨어의 제조·판매에서 손을 떼고 소프트웨어와 컨설팅을 주축으로 삼으려는 취지는 알겠지만 정말로 엄청난 결단이었다.

최근 데이터분석·AI 관련 경쟁에서도 고전을 면치 못하고 있는 것 같은데 머지않아 또다시 엄청난 일을 저지를지 모를 일이다. 자기파괴를 반복하며 살아남은 끈질긴 노포老鋪라 할 수 있다. 이 회사의 위키피디아 페이지를 읽으면 뭔가 배울 수 있을지도 모르겠다.

난제 ④: 살아남기 위해서는 일단 죽을 필요가 있다

퇴출의 어려움을 기술한 전 대목과 중복되지만, 당신은 영화 〈프레스티지〉(2006년)를 본 적이 있는가?

런던의 마술사가 사람들에게 '순간 이동'을 선보이고 갈채를 받는데, 사실은 클론 제조장치로 자신을 복제해 '이동'한 것처럼 꾸민 것이었고, 게다가 복제의 원본인 '옛 자신'을 매번 스테이지 밑에 있는 수조에 떨어뜨려 몰래 수장시켜버린다는 극악한 내용이다. (클론을 만들수 있을 정도면 살인을 하지 않고도 돈을 벌 수 있을 텐데…… 일단 지적은 생략하기로.)

관객 입장에서는 재미있는 마술로 평판이 자자한 '성공자'로 보일지 모르겠으나, 본인은 매번 죽어야 한다. '살아남는다'라든지 '다시 태어난다'라는 긍정적 무드는 그곳에 없다. 단지 그저 매번 죽는 일뿐이다.

지금까지 몇 번이고 말한 바와 같이 살아남기 위해서는 일단 죽을 필요가 있다.

그러나 다시 태어난 내일의 당신이 '오늘과는 전혀 다른 사람'이라면 그것을 과연 '당신이 살아남았다'고 할 수 있을까?

……①~④까지 생각나는 대로 난제를 열거해왔으나 이런 잠꼬대만 하다가는 싸움에 지고 죽을게 분명하다. 여러분은 각자 나름대로의 방식으로 아무튼 살아남아(아니면 죽음을 되풀이하면서) 주기를 바란다.

난제 ⑤: 경영진과 주주의 '최적'은 다르다

이러한 까닭에 신사업을 키우는 일도 사는 일도 평범한 방법으로 할 수 있는 것이 아니고, 구사업을 싹둑 잘라버리는 일도 '평균적인 월급사장'에게는 무리이다.

너 나 할 것 없이 '이노베이션'을 떠들어대고 있지만 실제로 성공 사례가 미국과 중국에만 한정되어 있는 것은 나름의 이유가 있는 것 같다.

또한 많은 역경에도 포기하지 않고 기존 기업이 '창조적 자기 파괴'를 맹렬한 기세로 이룩했다고 해서 과연 그것이 회사의 소유자, 즉 주주에게 정말 기쁜 일인지는 의문이다.

기존 기업이 '딜레마'를 극복했다고 생각하는 순간, 주주는 그것을 축복하지 않는다.

그런 비극적인 이야기가 또 있겠는가?

경영자가 피눈물을 흘리며 겨우겨우 자기 혁신을 이뤄냈다고 하는데?

그것은 곧 경영교과서대로 '주주의 이익을 최대화'한 것이 아닌가? '시장의 목소리'에 열심히 귀를 기울인 것 아닌가? 칭찬받지는 못할망정 욕을 먹을 정도는 아니다. 그렇게 생각할지 모른다.

마음은 알겠으나 틀렸다. 이렇게 말해도 금방 이해가 가지 않을지도 모르겠으나,

'기존 기업의 서바이벌'은 주주에게 있어서 최우선 사항이 아니다.

주주란 누구인가.

어딘가 멀리 있는 '악독한 부자'인가?

아니다.

주주란 이 책을 읽고 있는 당신과 나다. 우리들의 저금이나 연금이야말로 '무슨무슨 펀드'라고 하는 정체를 알 수 없는 존재, 즉 '기관투자가'의 정체이기 때문이다.

거시경제학을 배운 적이 있는 사람에게는 자명한 일이지만, 우리들은 소비자이자, 생산자이면서 동시에 '투자가'이기도 하다.

'주주'라든지 '투자가'라는 단어를 보면 마음속으로 '우리들'이라고 변환하자. 그러지 않으면 '자본가 VS 노동자'라고 하는 19세기의 잘못된 세계관으로 역행하고 만다.

그렇다면 왜 우리들 주주는 기존 기업의 서바이벌을 노골적으로 기뻐하지 않는가?

그것은 경영진이나 종업원이, (우리들 주주의 이익이 아니라) 그들 자신의 처세를 위해 우리들의 귀중한 연금을 낭비했기 때문이다.

왜 기존 기업의 서바이벌이 '연금의 낭비'라고 혹평을 받아야 하는가?

그 이유로, '자기잠식'의 용인은 '기업 전체의 이익최대화·가치최대화'와 양립할 수 없는 경우도 있기 때문이다.

우리들 주주에게 있어서 돈에 색깔이 있을 리 없다. 그저 늘기만 하면 좋은 것이다.

우리들의 저금은, 운용 자산은, 제대로 불려져서 아이들의 교육자금이 되어 돌아올 수 있을까? 우리들이 번 원급과 매월 정기적으로 납입하는 연금은 '건강하고 문화적인 최소한의 노후'를 보장해줄 것인가?

답은, 아무도 모른다.

단 하나, 명확한 것은 투자처인 기존 기업이 제품 간의 자기잠식을 용인하고 일부러 구사업의 몰락을 앞당기게 된다면 '구사업에 투자해온 주주 자본은 물거품이 되고 만다'는 것이다.

그렇다면 왜 경영진은 우리들 주주가 손해를 보게끔 하는가?

그 이유는 그들 자신이 길바닥에 나앉기가 싫기 때문이다. 그들에게도 자부심과 미련이란 게 있다. 그리고 그들 자신의 자녀들과 그들 자신의 노후를 위해서 지금 여기서 직장을 잃을 수는 없다.

그러나 우리들 투자가들에게는 이노베이션에 성공해 살아남는 것이 어느 회사가 되든 상관없다. 기존 기업이 구기술과 함께 멸망한다고 하면 우리들의 자녀나 노후를 위한 돈은 '신세대 유망주'에 투자하면 된다. 그뿐이다.

우리들의 돈은 얼굴도 모르는 타인에 대한 자선 사업을 위해 있는 것이 아니다. 먼저 우리 자신부터 보살펴야 한다. 어딘가에서 죽어가고 있는 회사의 연명장치에 쓸 여유는 없다.

이처럼 우리들 주주와 기존 기업의 이해는 반드시 일치하는 것은 아니다.

'이노베이션을 추진!'한다고 하면 그럴싸하게 들리긴 하지만 그것이 누구에게 이익인가, 누구에게 손해인가는 확실하게 계산하지 않고선 모른다(아무리 계산해도 모르는 경우도 있다).

다음 장은 드디어 마지막 장이다.

다음 장에서는 '누구에게 이익인가?' 하는 테마를 다룰 것이다. '사회 전체 입장에서의 손해와 이익'에 대해 생각하기로 하자. 세계인류를 더욱 행복하게 할 수 있는 정책은 찾지 못하더라도 그런 뜬구름 잡는 듯한 '질문'에 대해 '제대로 생각'하기 위한 도구와 재료는 이미 준비되었다. 갈 데까지 함께 가보자.

제11장

"Solving" the Dilemma(Ⅱ)

딜레마의 '해결'(Ⅱ)

앞 장에서는 창조적 파괴의 당사자, 특히 '딜레마'의 소용돌이 속에 있는 기존 기업에 초점을 맞춰, 서바이벌 방법을 검토했다.

- 문제의 뿌리가 '자기잠식'인 이상, 살아남기 위해서는 (구)주력 부문을 잘라버릴 각오가 필요하다.
- 신사업을 찾아 키우고 성공시켜야만 한다.

'잘라내기'와 '창업'. 본질은 이것뿐이다.

말로 하는 건 쉽지만 실행으로 옮기는 건 그야말로 가시밭길이다. 그래서 모두 '변명'을 찾는다.

무턱대고 '공부 모임'이나 '회의'나 '검토위원회'를 열려고만 한다.

새로운 매니지먼트 용어가 생겨나고, 사라져간다. 있어도 없어도 그만인 경제서적이 쓰이고, 읽히고, 잊혀진다.

그러나, 이노베이션과 서바이벌에 대해 얘기하더라도 '잘라내기'와 '창업' 이외의 화제를 말하거나, 개별 사정을 헤아리는 것은 시간 낭비다. 만약 당신이 진심이라면 포기하자.

그런 것은 언뜻 '긍정적인 노력'처럼 보이나, 사실은 '전력으로 꽁무니'를 빼고 있을 뿐이다. 진짜 문제는 간단하니 현실을 피하지 말고 죽을 각오로 덤벼들자.

어차피 경영에 관해 내가 할 수 있는 말은 이뿐이다. 행운을 빈다!

나무를 보라, 숲을 보라, 세계를 보라

앞 장의 종반에서 다뤘던 대로 하나하나의 회사를 자세히 들여다보면 경영자와 종업원과 주주의 이해는 대립하는 일도 있다.

'회사는 누구의 것인가?'와 같은 감상적인 문제 따위는 '검토위원회' 사람들에게 맡겨두자. 그 어느 조직과 단체도, 단일체가 아니다. 누군가의 '필사적인 연명책'이 다른 누군가에게는 '쓸데없는 짓'밖에 안 되는 일도 있다.

마찬가지로 '국가'나 '지역', '민족'이라고 하는 사회적인 단위도 역시 단일체가 아니다. 그래서 예를 들어 '국익'과 '기업의 서바이벌'을 혼돈해서는 안 되며, '기존 기업'을 지키려는 나머지 '신규 기업'과 '창업자'의 싹을 잘라버린다면 그게 바로 본말이 전도된 것이다.

나무만이 아니라 숲도 보자.

- 이번 장에서는 '현존하는 개별 기업'뿐 아니라 '아직 존재조차 미미한 신규 기업', 그리고 그들 모두의 집합체인 '산업'에 대해 생각해보자.
- 또한 기업·산업이라고 하는 생산자·파는 쪽·공급측면에 해당하는 '다른 모든 기업·산업·개인'도 고려한다.
- 그리고 이상의 모든 것을 포괄하는 국가 경제와 정부의 역할, 나아가 국가들의 집합체인 세계 전체로 시야를 넓혀보자.

눈앞에 아픈 사람이 있으면 뭐라도 돕고 싶은 게 당연하고, 인명 구조는 존중받을 일일지도 모른다. 그러나 그런 눈앞의 이야기보다 중요한 논점이 있을지도 모른다.

'이노베이션을 촉진'하는 정책

여기서부터는 공급측면(기업)뿐 아니라, 수요측면(소비자), 그리고 시장의 규칙(정부)도 등장하는 삼색 스토리가 시작된다.

이해를 돕기 위해 구체적인 정책을 예로 들어보자.

'이노베이션을 촉진하기 위해 정부는 어떠한 정책을 실시해야만 하는가?'

라는 과제 설정을 한다. 그런 정책 목표 자체가 옳은지 아닌지는, 사실 상당히 논쟁의 여지가 있기는 하나, 이야기를 풀어나가는 데에

도표 11-1 │ 5단계에서는 정책의 효과를 시뮬레이션한다

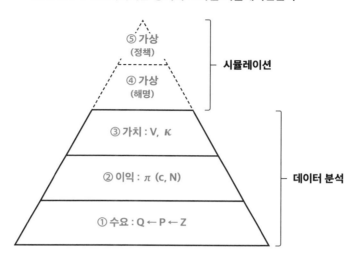

는 좋은 설정이다.

이 '질문'은 무척 보편적이다. 세계의 여러 정부가 '이노베이션 정책'을 이야기하며, 국가 예산을 쏟아 붓고 있다. 그러나 그 대부분은 실패로 끝난다. 예를 들어 '규슈를 일본의 실리콘밸리로 만들자'는 기획이나 각종 보조금 같은 것이다.

정부가 주도하는 펀드를 만들어 벤처투자가 놀이를 하는 것도 유행했지만, 정보전이나 실전적 노하우의 제공은 '나라에서 하는 일'이나 '이권(분배) 정치'와는 반대편에 위치하는 분야이다. 관료 기구나 시골 정치가에게는 맞지 않는 업무다. 결국 '좀비 기업에 세금을 쏟아 붓고', '소도시에 고속철을 유치하고', '한 번 더 올림픽을!' 하는 정도밖에 못한다.

시간과 돈과 노동력 낭비에, 부작용마저 있다.

벤처 투자에 정통한 조쉬 러너$^{Josh Lerner}$라는 하버드 비즈니스스쿨의 경제학자가 쓴《Boulevard of Broken Dreams: Why Public Efforts to Boost Entrepreneurship and Venture Capital Have Failed? and What to Do About It》(2009년)이라는 훌륭한 책이 있는데 공공 정책에 관심 있는 분은 읽어보면 좋다. 세계 곳곳의 '이노베이션 촉진 정책'의 실패사례와 교훈이 정리되어 있다.

'보조금'이나 '투자 펀드' 정책(의 실패의 본질)에 대해서는 앞서 말한 책으로 배우도록 하고, 이번에는 좀 더 근본적인 제도 변경을 구상해보자.

구체적으로는 '특허 제도를 위한 법률 변경의 효과'를 가상 시뮬레이션한다.

우리들의 연구단계도 드디어 5층까지 도달했다. 이것으로써 비로소 최종 단계에 온 것이다. 6장에서 9장까지 열심히 축적한 '구조 분석'의 최종 목표는 바로 이러한 대규모 현상·정책 변경에 대한 모의실험이다.

특허

특허(페이턴트)라는 것은 등록 상표(트레이드마크)나 저작권(카피라이트)과 함께 '지적 재산권'의 한 분야로 발명가에게 국가가 부여하는 특권이다. 구체적으로는 '그 발명을 이용한 장사'를 20년 정도(기간은 국가에 따라 다름) 독점할 수 있다는 특권이다.

옛날에는 소금이나 담배가 귀중한 세금수입원으로 국가의 '전매특허'였던 것과 마찬가지로 근대 잉글랜드의 특허 제도도 당초에는 발명과 직접 관련이 없었다. 그냥 '특수 권익'이었다.

그러나 현대의 특허 제도의 목적은 이노베이션의 촉진이다. 새로운 발명이 주는 독점이익이라고 하는 '선물'을 슬쩍 보여줌으로써, 연구 개발 활동의 의욕을 높이려는 취지이다.

'특허 시스템을 강화하면 이노베이션이 증가하지 않을까?'

라고 생각하는 사람이 있다 해도 이상할 게 없다. 경제학에서도 표준적인 사고방식이다. 이 아이디어를 가상시나리오로 시뮬레이션해보자.

- 정말 이노베이션은 증가할까?
- 그것을 하는 건 누구?
- 그리고, 이 제도는 정말 세상에 이로운 일일까?

이들 '질문'을 염두에 두고 모의실험을 디자인해 실시한다.

그러나 컴퓨터·IT 관련 업계에서 특허의 존재 의식을 물을 때는 비슷한 '발명'이나 제품이 난립하고 있는 실정을 감안해야 할 필요가 있다.

의약품처럼 기술(특정 분자구조와 그 제법)과 제품(약)이 확실하게 대응하고 있는 경우와는 달리 하나의 IT 제품에는 수천 개의 부품과 요소기술이 쓰이고 있다. '신제품'과 '신기술'과 '신특허' 간의 관계는 1대

1대1로 정확하게 대응하지 않는다. 어느 제조사도 비슷한 것을 만들고 있고, 많든 적든 누구나 타자의 특허를 '침해'하고 있다. 정글과 같은 상황을 상상하면 될 것이다.

로다임의 싸움

이렇게 실리콘밸리 관련 업계는 기본적으로 정글 상태여서, 업계 전체에서 제품 규격을 통일하지 않으면 여러모로 불편이 많은 것도 사실이다. 가령 CPU와 메모리와 HDD와 인터넷 접속이라는 주요 부문 간의 연계가 없으면 컴퓨터는 쓸모없어진다. '디스크의 직경이 5.25인치와 3.5인치'라고 하는 물리적인 사이즈 규격도 그렇다. 최소한의 '업계 표준'이 필요하다.

그러한 기준 사양은 수년 후까지의 전망(기술 로드맵)을 포함해 어느 정도까지 업계 단체의 합의가 이루어지고 있다.

그런데 HDD 업계에서 업계 표준을 '자신의 발명'이라고 주장하는 자가 나타났다. IBM의 스코틀랜드공장이 독립해 세운 로다임이라는 제조사다.

1986년 로다임사는, '3.5인치 HDD라는 신제품은 우리 회사의 발명품이다'라고 말하며 미국에서 특허를 따고 말았다. 심지어 주요 제조사들을 상대로 '특허권 침해'라는 이유로 소송을 걸기 시작했다.

모두가 놀란 것은 두말할 필요도 없다.

'디스크 직경 3.5인치'라고 하는 차세대 HDD(당시)의 사양은 업계

내의 공통 인식에 지나지 않았고, 달리 로다임이 HDD를 발명한 것도 아니었다. 그런데 시골 영세 제조사에 지나지 않는 로다임이 대기업을 상대로 소송을 건 것이다.

HDD를 발명한 장본인인 IBM과 업계 선두인 시게이트는 로다임에 맞소송을 제기하면서 법정에서 제대로 싸워보자는 자세를 취했다.

그러나 그 외의 대기업이나 중견 제조사 중에는 '배상금'을 내고 '합의'를 한 회사도 많았다. 미국에서 해야 하는 고액의 재판 비용을 덜겠다는 심산도 있었지만, 만에 하나 패소할 경우 영업 정지 명령이 떨어질 가능성도 전혀 없는 것은 아니었기 때문이다.

이 소송은 1988년에 특허안건전문 고등재판소(연방순회구 항소재판소)로 자리를 옮겼다. 그 후에도 지루한 싸움이 이어졌으나 1995년경 로다임이 패소할 분위기가 농후해졌다. 사건의 발단이 된 '3.5인치 HDD 특허'가 '무효'로 판결난 것이다. 로다임의 특허가 무효가 되면 손해배상과 영업정지처분이라는 로다임의 주장은 모두 근거를 잃게 된다.

90년대에는 더 이상 제대로 된 영업 활동이 없었던 로다임은 지치지도 않고 그 후로도 라이벌 회사의 문을 두드려가며 '특허 기술의 라이선스 요금'을 요구하고 돌아다니는, 마치 조폭의 망령과도 같은 존재로 변했다. 그러나 결국 소송비용이 쌓이면서 파산했다. 요즘 말하는 '특허 괴물'patent troll(자사에서는 제조, 판매를 하지 않고 특허 소송과 라이선스 대금만 챙기는 업태)의 행보였다.

이노베이션도 중요하고 발명자의 권리를 지키는 것도 중요한 일이다. 그러나 '지적 재산권 보호'의 실태는 캄캄한 밤중의 난투극과도 같다. '정당'한 주장을 하고 있는 것은 누구인가, 누가 무엇을 '발명'한 것일까, 애초에 그것은 '발명'의 이름에 걸맞은 것이었나, 진상은 진흙탕 속에 있다.

이런 까닭에

'지적 재산권을 보호하고 이노베이션을 촉진하자'

라는 정론은 진흙탕 현실을 앞에 두고 실효성이 의심스럽다. 이러한 장소에 학자가 나와서 정론을 논한다면 무지를 드러낼 위험이 높다.

정책 시뮬레이션 ①: '사후처리'형 지적 재산권

이렇게까지 현실이 뒤엉켜있으면 솔직히 짜증이 나지만 포기하지 말고 분석해보자. 현실이 뒤엉켜있으니까 논리의 철근을 하나둘쯤 확실하게 세워서 잡다한 주장과 사실, 나아가 사회에 있어 바람직한 방책을 교통 정리하는 일도 가치가 있기 때문이다. 그리고 논리에 근거한 '규칙 변경의 효과'라는 시뮬레이션 자체도 재미가 있다.

그렇다면 어떤 가상 시나리오를 설계해야만 할까?

'3.5인치 HDD의 특허'라고 하는 로다임의 주장은 크게 빗나갔지만 흥미롭다. 이 주장이 법정에서 사라지기까지 10년의 세월이 걸린

만큼 '좀 더 로다임에게 유리한 판결이 나왔을 가능성'도 비현실적이라고는 할 수 없다.

그래서 '로다임의 주장이 받아들여졌다면'이라는 가상 시나리오를 시뮬레이션 해보자. 만약 '3.5인치 HDD의 특허'라는 것이 인정되었다면 이노베이션의 촉진 효과를 기대할 수 있었을까?

'정책 효과 측정'이라는 건 그야말로 '의약품이나 낙하산이 사람의 생사에 미치는 영향의 인과관계를 파헤치다'는 것과 같은 실증 과제다. 그래서,

(A) 3.5인치 HDD의 특허가 존재하지 않는 경우(현실)

(B) 3.5인치 HDD의 특허가 존재하는 경우(가상)

둘을 비교하는 것으로 '특허의 영향'을 측정해보기로 하자.

도표 11-2가 가상 시나리오 시뮬레이션의 결과이다.

1988년 미국의 재판소가 로다임의 주장을 인정하고, 타사의 3.5인치 HDD 사업에 대해 영업정지 처분을 내렸을 경우, 이듬해 1989년 이후로는 로다임사가 신기술을 (합법적으로) 독점하게 될 것이다.

'나무만 보지 말고 숲을 보라'고 하는 이번 장의 취지에 따라 이 판결에서 누가 이익을 보고 누가 손해를 보는가를 정리해보자.

- 우선 로다임은 독점 이익을 챙기므로 이익이다.
- 한편 라이벌 각 회사는 신제품 도입의 노력이 물거품으로 돌아가 큰 손실을 본다.

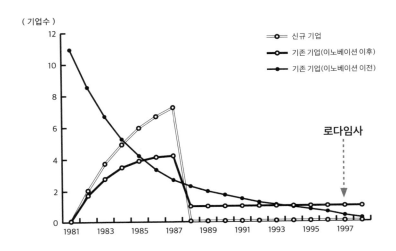

도표 11-2 | 특허정책 시뮬레이션 ① (사후 승인)

(기업수)

신규 기업
기존 기업(이노베이션 이후)
기존 기업(이노베이션 이전)

로다임사

• 또한 신규 기업이 진입할 가능성도 1989년 이후는 제로가 된다.

이처럼 업계, 즉 '공급측면'의 손해와 이익은 명백하다. 독점기업 로다임이 이익을 보고 그 이외의 회사가 손해를 본다. 3장에서 배운 대로 경쟁이 사라진 만큼 업계 전체의 이익(경제학 용어로는 **'생산자잉여'**라고 함)은 증가하나 그것은 전액 로다임의 것이다.

그렇다면 HDD를 사는 쪽, 즉 컴퓨터 제조사나 소비자들의 '수요측면'은 어떻게 될까?

1988년까지는 복수의 HDD 제조사가 경쟁을 하고 있어서 신형 HDD도 구형 HDD도 저렴하게 구입할 수 있었다. 그러나 로다임의 특허가 인정되고 나서부터는 1개사가 독점하는 시장구조로 급변한다.

- HDD는 큰 폭으로 가격이 상승하고 그만큼 컴퓨터 가격도 비싸진다.
- 결과적으로 IT 관련 설비 투자를 포기할 수밖에 없는 기업 고객이 나올 것이다.
- 마찬가지로 일반 가정의 컴퓨터 보급도 늦어질 것이다.

따라서 'HDD 이외의 전 산업'과 '일반 가정·개인 소비자'에게는 큰 손실이다.

앞서 말한 '생산자잉여'가 늘어난 것과는 대조적으로 **소비자잉여** 는 극감하게 된다. 소비자잉여란 '다양한 혜택'을 말한다.

생산자^{HDD}에게 있어서의 '잉여'(이익)가

$$베네핏(수입) - 코스트(비용)$$

이었던 것과 마찬가지로, 소비자(기업 고객과 개인 고객) 입장에서의 '잉여'(다양한 혜택)도

$$베네핏(효용) - 코스트(지출)$$

과 같이 정리할 수 있다.

바꿔 말하면 'HDD로 얻을 수 있는 행복감·편리성'(효용) 빼기 'HDD를 사는 데 드는 가격·비용'(지출)이 수요측면의 '순이익'에 해당한다. (참고로 '효용'은 '소소한 행복' 정도를 의미하는 경제학 용어다.)

자세한 것은 미시경제학 입문서를 찾아보길 바라지만, 소비자잉여는(그리고 소비자잉여와 생산자잉여를 합계한 **'사회 후생'**은), 경제 전체의 성과를 평가할 때에 경제학자가 중시하는 지표의 하나이기도 하다.

'모든 경제 활동은 다양한 혜택으로 인한 행복감을 높이기 위해 존재한다'고 하는 것이 전형적인 경제학의 가치관이다.

이에 비하면 GDP(국내 총생산) 등은 복잡하고 명백하지 않은 통계지만, 한 나라의 전체의 경제 활동을 거시적으로 집계하려면 어쩔 수 없이 대략적인 숫자를 쓰게 된다. 정말 어쩔 수 없어서 쓰고 있는 것이다.

이런 이유로 사회 전체의 손해와 이익을 정리하자면,

① '생산자잉여'는 독점화로 인해 증대했으나,

② 그로 인해 '소비자잉여'는 극감했다.

③ 사회 전체의 총잉여, 즉 '사회 후생'(=생산자잉여+소비자잉여)의 증감에 눈을 돌리면,

①보다 ②의 효과가 크기 때문에 차감하면 '적자'다.

우리들은 HDD의 세계 시장을 분석하고 있으니 여기서 말하는 '사회'란 일본이나 미국, 스코틀랜드뿐 아니라 세계 전체를 말한다. 만약 로다임의 주장이 받아들여졌다면 인류 전체가 손해를 볼 뻔했다.

그렇다면 이 특허 제도가 가져온 이노베이션의 영향은 어떨까?

특허 제도의 안목은 '연구개발 투자의 촉진'에 있었겠지만, 안타깝

게도 이 정책에 의해 이노베이션이 증가하는 일은 없다.

'1988년 이전 각 회사가 행한 투자'는 이른바 '매몰 비용'이었고, 쏟아 부은 자금은 돌아오지 않는다. 또한 1989년 이후는 신제품 분야 자체가 법적으로 독점되어버렸기 때문에 로다임 이외의 회사가 연구 개발을 하더라도 그것은 쓸데없는 노력이다.

따라서 당 정책의 이노베이션의 촉진 효과는 제로다.

어째서 이렇게 참혹한 결과가 되었는가?

이 정책(판결)은 특허의 의의를 착각한 것 같다.

특허가 약속하는 '합법적인 독점 이익'은 분명 매력적인 '선물'이지만 그것은 연구개발 경합이 시작되기 전에 알려야 할 필요가 있다. 그렇게 되면 '부자가 되는 미래'로의 기대가 이노베이터를 자극한다.

그러나 '사후 승인형'의 특허 정책에 있어서는 '선물에 대해 사전에 알림' 하나 없이, '로다임이 1988년에 돌연 특허를 주장했고, 그것이 법적으로 유효'라고 하는 뜻밖의 일이 사후에 발생하고 말았다.

이것은 뒤통수를 때린 것밖에 안 된다. 장래를 위한 각 회사의 노력을 촉구하는 효과는 전혀 없다. 모든 투자가 이뤄진 후에 '로다임 이외에는 강제적 실격'이라고 하는 판결이 명령처럼 내려와 게임 오버. 이래서는 계속적인 노력 따위는 기대할 수 없다.

이 시뮬레이션에서 우리들이 배워야할 교훈은, '사후의 경쟁 배제는 백해무익'하다는 것이다.

정책 시뮬레이션 ②: '사전고지'형 지적 재산권

그렇다면 특허 제도 자체가 무의미하고 역효과만 내며 인류를 불행하게 만드는 것일까?

그렇다고는 할 수 없다. 앞선 시나리오는 '나쁜 정책 개입'의 전형적인 예지만, 조금 더 특허 제도의 '취지'에 충실한 정책 시나리오도 구상할 수 있다.

특허가 체현하는 선물은 '준비 땅!' 하고 개발 경합이 시작되기 전에 준비되어야 한다. 따라서 본래 바람직한 특허의 모습은 '1988년에 돌연 발생한 뜻밖의 상황'이 아니라 컴퓨터 시장이 탄생한 1981년보다 앞선 '시점'에서 주지된 '미래지향적인 선물의 약속'이다.

게임 시작 전에 '승리 조건'(신기술의 제1 발견자, 제1 신청자가 될 것)과 '보수'(신제품 비즈니스의 독점)를 명확하게 해두어야 한다. 그리고 패자가 받게 되는 벌칙(신제품에서 제외)도 법적으로 확실하게 해둔다. 굼뜬 기존 기업이라도 초기부터 본격적으로 신제품을 투입시키지 않을 수 없을 것이다.

이와 같은 '사전 고지'형 정책이라면 이노베이션의 속도가 빨라질지도 모른다.

도표 11-3은 그러한 '사전 고지'형 특허법(혹은 개발 콘테스트)이 설정되어 업계에 주지된 경우이다. 아까보다 세련된 정책의 가상 시나리오다.

'투자의 선점하기 게임'이 시작되는 1981년 당초부터 기존 기업은 전력 질주하는 기세로 신제품을 투입할 것이다. 그래프를 보면 과반수의 기업이 초기부터 3.5인치 HDD를 생산하고 있어, 신규 기업이 출현할 기회가 없다. 초기에 이노베이션을 단행한 6~7개의 기존 기업

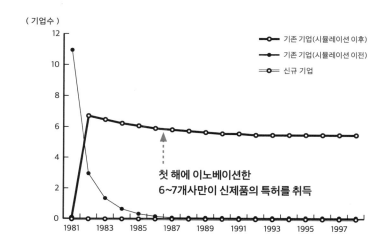

도표 11-3 ┃ 특허정책 시뮬레이션 ② (사전 고지)

(기업수)

- ━●━ 기존 기업(시뮬레이션 이후)
- ━●━ 기존 기업(시뮬레이션 이전)
- ━○━ 신규 기업

첫 해에 이노베이션한
6~7개사만이 신제품의 특허를 취득

이 그대로 90년대 말에 이르기까지 시장을 지배하고 있다.

'사전 고지'형의 특허 제도에 의해 사회 전체적으로 이노베이션의 속도가 극적으로 빨라진 것처럼 보인다.

단, 이 정책을 '훌륭하다'고 결론짓는 것은 섣부르다.

많은 학자와 정책 담당자들이 착각하기 쉽지만, 이노베이션은 '수단'이지 '목적'이 아니다. 이노베이션을 서두른다고만 해서 좋은 것도 아니다. 기술혁신의 '베네핏'과 '코스트'를 최선의 밸런스로 성립시키는 것. 사회 전체에 혜택이 돌아갈 수 있게 하는 것. 그것이 유일한 최대의 목적이다.

여기서 다시 나무만이 아니라 숲과 산하를 조망해보자.

이 시나리오에서 이익을 얻는 것은 누구인가?

사회 전체에 바람직한 정책이라고 할 수 있는가?

전술한 것과 마찬가지로 '생산자잉여'와 '소비자잉여', 그리고 그들의 합계인 '사회 후생'을 계산해보면 현실 시나리오(3.5인치 HDD 특허는 무효)와 비교해 사회 복리가 증가된 것을 알 수 있다.

……단 그 개선은 불과 0.5% 정도. 거의 오차범위 내에 있다.

왜 효과가 이렇듯 미미한 것일까?

이 정책의 효과를 '수요측면'과 '공급측면'으로 분해하면,

- 소비자(수요측면)는 행복하다. 초기부터 복수의 제조사가 제공하는 신·구 양 타입의 HDD를 살 수 있다. 더군다나 경쟁 덕분에 가격도 저렴하다. 단, 신규 진입이 제로라는 것은 아쉽다. 매년은 아니지만 현실 시나리오보다 '시장의 경쟁도'가 떨어져버리는 시기도 있다. 그런 부작용 때문에 소비자잉여는 큰 폭의 개선까지 이르지 못한다.
- 생산자(공급측면)에게 있어서도 손해와 이익은 미묘하다. 기존 기업은 '이노베이터 제1기생'이 되지 않는 한 경쟁에서 져서 망한다고 하는 가혹한 새 규칙과 직면한다. 그 때문에 1981년이라는 '시기상조'인 단계(신제품의 수요가 아직 충분하지 않을 때)임에도 불구하고 거액의 투자를 해야 하는 모양새다. '쓸데없이 노력'을 낭비하였기 때문에 업계 전체에서 생산자잉여가 증가했다고는 하기 어렵다.

사회 후생의 증진이 미미해진 이유는 요컨대 '사회적 베스트 타이밍'(어느 정도 신제품의 잠재적 수요가 높아진 경우)보다 상당히 이른 시기에 투자를 무리하게 진행했다는 점에 있다.

여간 어려운 일이 아니다.

'창조적 파괴'의 진의

자, 그렇다면 이념에 충실한 '사전 고지'형의 특허 정책마저 우리들의 '행복'을 늘려주지 않는다고 하는 아쉬운 분석 결과를 어떻게 받아들여야 할까.

정부의 무능을 개탄할 것인가?

이 책을 한 권 다 쓰고도 여러분께 할 수 있는 말이 고작,

'여간 어려운 일이 아니다'

'어차피 될 대로 된다'

와 같은 누구나 생각할 수 있는 '당연'한 해답이었다는 것은 결국 연구 자체가 시간낭비였다는 것일까?

나는 그렇지 않다고 생각한다. 오히려 기뻐해야 할 발견이다.

'이론에 따라 규칙을 설정하더라도 현실에서 보여준 HDD 업계의 성과를 따라잡지 못한다'

고 하는 것은 역으로

'현실의 HDD 업계는 더 바랄 수 없을 정도로 멋진 성과를 발휘해 왔다'

는 것이기도 하다.

어차피 HDD 업계에 관한 한 미국이나 일본 정부가 이런저런 정책 개입을 한 흔적은 없다. 또한 IT 업계와 마찬가지로 특허 제도가

특별히 잘 기능하고 있는 것도 아니다.

예외적으로 유럽, 특히 프랑스와 이탈리아 정부는 자국기업의 우대정책이나 경영에 빈번한 참견을 했었으나 오히려 상처만 깊어진 듯하다. 90년대 말, 서구 쪽 HDD 제조사는 깨끗이 전멸했다.

'당연한 해답'이라고 말할 수도 있겠지만, 대개의 '진실한 해답'은 듣고 보면 당연한 것들이다. 만약 내가 이것과는 정반대의 결론을 제시했다 하더라도(가령 '역시 정부가 컴퓨터세금을 투입하지 않으면 우리들의 생활은 나아지지 않는군요~' 등등) 그것은 그것대로 당연하게 들릴 것이다.

결론이나 해답 그 자체에 큰 가치나 재미는 없다. 그게 아니라,

- 최초의 '질문'에
- 찾는 방법, 그리고
- 무엇을 '근거'로, 어떠한 '의미'에서, 그러한 '대답'이 가능한가,

즉, '어떤 것을, 어떤 식으로 생각하면서, 그런 결론에 도달한 것인가'라고 연구하는 '과정'이야말로 가장 흥미로운 부분이고 어른에게 필요한 '과학'인 것이다.

'기업·산업은 윗분(정부)이 감독하면 된다'라는 발상이 강한 일본이나 중국이나(대륙 쪽) 유럽 쪽에서 보면 이상하게 들릴지도 모르겠다. 하지만,

'장기적인 안목으로 보면 어찌된 일인지 잘 돌아가고 있다'

와 같은 전개야말로 슘페터가 말한 '창조적 파괴'의 원동력이었다. (물론 모든 시대의 모든 산업에서 그러리라는 보장은 없다. 케이스별로 분석이 필요하다.) 약육강식이라는 자유 경쟁의 결과 기존 기업에 의한 시장 지배가 굳어지는 것은 사실이나 그럼에도 기술혁신은 끊이지 않고 무수한 경쟁이 유지되고 있다.

그것은 전적으로 창업자에 의한 신규 진입과 신기술의 도입 덕분이다.

그렇기 때문에(가령 앞 장처럼) 기존 기업의 생존이나 보호에만 초점을 맞춘 경영이론과 정책론은 경계하고 피해야 한다.

눈에 보이는 것만 보고 있으면 중요한 것을 놓칠 수 있다.

지금 눈앞에 있는 자(기존 기업)만 보고 있으면 앞으로 태어날 세대(신규 기업, 또는 기업이 되기 이전의 존재=창업자)를 놓치고 만다.

그러나 이노베이션이라는 것은 본질적으로 미래의 이야기이자 다음 세대의 이야기이다.

제행무상도 성자필쇠도 결코 나쁜 것이 아니다.

이 책의 정리

이쯤에서 슬슬 이 책의 정리에 들어가 볼까 한다.
우리들의 발견은 다음 세 가지로 요약할 수 있다.

① 기존 기업은 유능하고 전략적이고 합리적이라 할지라도 신·구 기술이나 사업 간의 '자기잠식'이 있는 한 신규 기업만큼은 이노베이션에 적극적이지 않다. (이노베이터의 딜레마의 경영학적 해명)

② 이 '딜레마'를 해결하고 살아남기 위해서는 어떻게든 '자기잠식'을 용인하고, 추진할 필요가 있으나 그것은 '기업 가치의 최대화'를 목표로 하는 주주(즉 우리들의 가계=투자가)의 이익에 반할 가능성이 있다. 무조건 좋다고만은 할 수 없다. (창조적 '자기' 파괴의 딜레마)

③ 자주 있는 '이노베이션 촉진 정책'에 큰 효과는 기대할 수 없지만, 반대로 말하면 현실의 IT산업은 적당한 '경쟁과 기술혁신의 균형'으로 발전해 온 것이다. 이것은 사회적으로 기뻐해야할 결과다. (창조적 파괴의 진의)

우리들 개개인이 직면하는 문제의 대부분도 의외로 비슷한 구조다.

이 책의 직접적인 연구 대상은 기업이나 산업이었고, 후반의 사례 연구는 HDD 업계에 특화된 것이었다. 그러나 분석과정에서 접한 개념과 논리 및 실증 방법은 주변의 다양한 일에 적용이 가능하다.

기업, 주주, 정부라는 것은 일반적으로 생각하는 만큼 우리들과 동떨어진 존재가 아니다. 많은 기업의 소유자는 궁극적으로는 우리들 자신(혹은 우리들이 고용한 자산운용업자)이므로 '주주'는 우리들이다.

마찬가지로 '정부'라든지 '정책'이라는 것은 '우리들이 선출한', '우리들의 대표'가 '우리들의 세금을 사용해' 하는 일이므로 이것 역시 결국 우리들의 일이다.

그리고 물론 '사는 쪽'(수요)도 '파는 쪽'(공급)도 우리들이 상황에 따라 그 역할을 맡고 있다. 모든 것은 우리들 자신의 일이다.

이렇게 '관점'을 바꿔보면 세상이 무척 달라 보이지 않을까. 평소 우리들이 접하는 뉴스나 평론이 엉뚱한 논쟁과 반향과 감정을 양산하고 있다는 것을 알아차릴지도 모른다.

우리들 한 사람 한 사람에게 주어진 시간과 능력은 유한하므로 모든 것을 다 깊이 생각하는 것은 어렵다.

그러나 당신에게 있어 정말 소중한 것에 대해서는 중요할 때에 찬찬히 생각할 수 있도록 준비해두면 좋다. 이를 위한 소재나 독서체험을 이 책이 제공할 수 있으면 좋겠다.

독서안내

이 책과 관련해 권하고 싶은 책을 몇 권 추려보았다. 관심이 있는 것부터 순서에 상관없이 읽으면 좋겠다.

① 《미시경제학의 힘》(간도리 미치히로, 2014년)

예비지식 없이 경제학의 본질적인 내용을 '하나부터 열까지 이것만 읽으면 반드시 알게 된다'는 문구처럼 특별히 초보자가 이해하기 쉽게 쓴 책. 세계적인 게임이론가가 한마디, 한 구절 정성껏 음미한 언어를 구사한 만큼 읽는 재미가 풍부하다. 나도 이 분께 게임이론을 배웠다.

② 《레빗 미시경제학 기초편》(스티븐 레빗 외, 2017년)

미국의 실증가가 미국의 학생을 위해 쓴 교과서. 저자 중 한 사람인 채드 사이버슨은 '생산성' 연구의 일인자. 등장하는 실제 사례가 독특하고 재미있다.

③ 《'원인과 결과'의 경제학 데이터에서 사실을 발견하는 사고법》(나카무로 마키코·츠가와 유스케 저, 2017년)

편하게 읽을 수 있는 분석 입문서. 처음부터 단번에 읽을 수 있는 가독성이 뛰어나다. 이 책 5장(실증분석의 3방법)에서 강조한 '상관관계와 인과관계는 전혀 다른 것'이라는 가장 중요한 포인트를 골수까지 심어준다.

④ 《계량경제학의 첫걸음 실증분석의 권장》(다나카 유이치 저, 2015년)

⑤ 《실증분석을 위한 계량경제학》(야마모토 이사무 저, 2015년)

스스로 실증분석을 할 생각이라면 교과서적인 지식도 필요하다. ④는 실천적 가이드가 되는 첫 번째 책으로 추천. ⑤는 '이산선택모형'이나 '최우법' 등도 커버한 책으로, 이론과 실증의 융합으로 나아가는 두 번째 책으로 추천.

⑥ 《이노베이션의 딜레마》(클레이튼 크리스텐슨 저, 2001년): 《혁신기업의 딜레마》(이진원 역, 2009년, 세종서적)

말 안 해도 잘 알려진 이 책의 소재가 된 책. 이 책을 읽고 나서 읽으면 세상을 보는 눈이 입체적으로 바뀜. 그리고 이 책을 다시 읽으면 또

다시 새로운 발견이 있을 것이다. 원제는 《The Innovator's Dilemma》이고, 이 책에서는 《이노베이터의 딜레마》로 기술했다.

⑦ 《파라노이드만이 살아남는다-시대의 전환점을 당신은 어떻게 찾아내 넘길 것인가》(앤디 그로브 저, 1995년): **《편집광만이 살아남는다》**(유영수 역, 1998년, 한국경제신문)

인텔의 전 CEO의 체험담. 4장(능력 격차)에서 소개한 대로 인텔은 상당히 운이 좋은 경우였기 때문에 일반론으로 어디까지 도움이 될지는 미지수지만 어쨌든 당사자의 이야기를 듣는 것도 재미있다.

⑧ 《자본주의·사회주의·민주주의》(요제프 알로이스 슘페터 저, 1995년): **《자본주의·사회주의·민주주의》**(이종인 역, 2016년, 북길드)

슘페터가 '창조적 파괴'를 주장한 것은 이 책의 제2부. 제대로 읽으면 그가 꾸르노와 베르뜨랑에 의한 불완전경쟁 이론도 근거로 삼고 있다는 것을 알 수 있다. 슘페터나 '이노베이션의 경제학'에 대해 소개, 해설하고 있는 책은 많지만, 제대로 된 해석을 보려면 원서를 보는 것이 빠르고 정확하다.

⑨ 《경영의 경제학》(마루야마 마사요시 저, 2017년)

경영 전략에 관한 경제학이 정리된 입문서. 기업과 산업의 경제학인 '산업조직론'을 아는 독자도 적잖을 텐데 이것을 모른 채 대학을 졸업한다는 건 아까운 일이다. ①이나 ②를 읽은 독자는 기초 부분을 생략하면 빠르게 읽을 수 있을 것이다.

⑩《**경쟁의 전략과 정책**》(야나가와 타카시·가와하루 노보루 편저, 2006년)

산업조직론은 (불완전)경쟁을 진지하게 분석하므로, 독점규제법이나 경쟁법이라는 정책 분야와 관련이 깊다. 가령 개개의 M&A 안건을 (사회 입장에서) 허가해야 하는가, 담합을 얼마나 발견할 수 있는가, 하는 '질문'과 관계가 있다.

⑪《**새로운 산업조직론 이론·실증·정책**》(오다기리 히로유키 저, 2001년)

⑫《**산업조직의 경제학 기초와 응용**》(나가오카 사다오·히라오 유키코 저, 2013년)

약간 복잡하지만 이 책들은 본격적으로 산업조직론을 배울 수 있는 교과서다.

⑬《**The Economist**》

영국의 주간 잡지. '대영제국'의 시선으로 세계의 경제·정치 뉴스를 정리한다. 일본이나 미국 뉴스만 접하다 보면 시야가 흐려진다. 첫 2페이지에 '이번 주 화제'가 요약되어 있으므로 그것만이라도 꼭 읽도록 하자. 나는 15년 전부터 정기구독을 하고 있다. 영어 교재로 수준이 높지만, 이 정도는 대학을 다닐 때 '읽고 쓰는'것쯤은 익혀두자.

맺음말

주말마다 원두를 사러 간다. 캘리포니아가 원조인 Peet's Coffee 라는 체인점에는 원두를 0.5파운드(227그램) 이상을 사면 무료로 커피 한 잔을 주는데, 그것을 받아서 자리에 앉아 몇 시간 정도 원고를 쓴다. 또한 보스턴시의 다운타운에는 교토에서 처음 생긴 '오가와 커피점'이 있어서 일본식으로 볶은 원두를 살 수 있다. 2017년 10월부터 2018년 3월까지 이 책을 카페에서 그렇게 조금씩 썼다.

쓰고 싶은 주말에만 책을 썼다. 미국의 경제학자에게 책을 쓰는 일은 업적에 포함되지 않는다. 경제학 잡지에 실리는 연구논문 이외에는 평가 대상이 되지 않는다. 나는 아직 테뉴어 자격이 없는 '젊은 학자'여서 '본업' 이외에 시간을 내는 일은 자살 행위와 같다.

어디까지나 '취미'의 일환으로 주말 '여가' 시간만을 이용해 썼다.

그렇다면 왜 일부러 일반인을 위한 책을 쓰려고 생각한 것일까. 이유는 일곱 가지 정도인데, 가장 먼저 일본에서 살고 있는 딸을 위해 출판사에서 요청이 왔을 때 뭔가 '재미있고 유익한' 책을 남기고 싶었다. 언제 죽을지 모르니까 중요한 일을 미뤄서는 안 된다고 생각했다.

두 번째로는 연구조교 육성이라는 목적이었다. 내 연구의 하나의 '형태'를 설명한 매뉴얼을 만들어 두고 싶었다. 조교에게는 '독서안내'에 언급한 교과서도 읽게 했지만, 내 연구는 독특해서 결국 자작논문을 체계적으로 해설할 수밖에 없다.

세 번째는 경제학에서 '이노베이션 연구'의 수준을 높이고 싶었다.

네 번째는 내 전문분야인 IO(산업조직론)는 이론·계량·업계 지식의 종합격투기 분야다. 이른바 특수 기능의 세계가 되었고, 분야 외의 경제학자로부터는 경원시되고 있다. 안타까운 일이다. 그래서 누구나 알 수 있는 IO와 구조추정의 '결합판매'를 하고 싶었다. 특히 '어떤 일을 할 수 있을까', '왜 그런 성가신 방법을 쓰는 걸까', '실제로 어떻게 분석을 진행할까'를 꼼꼼하게 설명하고 싶었다. 또한 자세한 얘기는 차치하고라도, 그 '생각하는 방법의 큰 틀'을 많은 분들께 알려주고 싶었다.

다섯 번째로 이 책의 토대가 된 박사논문의 테마는 (나 자신에게 재미있는 건 물론) 경제나 경영에 관심 있는 사람이라면 누구라도 자연스럽게 흥미를 가질 수 있는 간편한 소재를 골랐다. 2009년 가을이었다. 완성에 3년, 학술지에 투고해(묻히거나 수정을 반복하면서) 받아들여지기까지 3년, 게재호가 출간되기까지 또다시 2년, 총 8년이 걸렸다. 그러나 완성품을 실제로 읽어줄(심지어 이해해줄) 사람은 세상에 백 명 정도밖에 없다. 전문적인 학술 연구란 원래 그런 것이어서 마음은 '적게 읽히더라도 인류사에 남는' 연구를 하기 위해 경제학자로 이직한 것이지만 역시 조금은 서글프다. 논문의 간행만큼은 '해냈다'는 생각이 들었다.

여섯 번째, 그 논문이 일본의 문부과학성(과학기술·학술정책연구소)에서 주는 2016년도 '과학기술에 현저한 공헌'으로 '나이스 스탭한 연구자'라는 이상한 이름의 상을 받았다. 내친김에 2017년 여름 문부과학성에서 '창조적 파괴와 《이노베이터의 딜레마》의 경제학적 해명'을 주제로 한 강연도 했다. 평소 학자를 대상으로 하는 프레젠테이션이나 학생들을 위한 강의는 영어로 해왔기 때문에 일본어로 강연할 기회는 전무했으나 실제로 해보니 정말 재미있었다.

일곱 번째 이유로는 일본의 기업, 정부, 그리고 한 사람 한 사람의 독자들의 '성공'에 미력하게나마 공헌하고 싶었다. 경제적인 성공이 전부는 아니겠지만, 가령 19세기나 20세기의 역사를 되돌아보면 경제력(이나 기술력, 군사력)으로 열등한 집단에게 있어 평화나 행복, 번영을 지켜내는 일은 어렵다고 보인다.

그런 대의명분까지는 아니더라도, 일단 '북미의 주요 대학가에는 반드시 일본기업과 주재원 가족이 수천 명 단위로 살고 있을' 정도니 여러분께 해외진출을 권하고 싶다. 그렇게 된다면 일본식 식사나 사케라는 특수한 '특별 재화'와 그 '품질'을 원하는 충분한 수요가 그들 마을에도 생겨날 것이다. 그러면 맛있는 것을 제공하는 슈퍼마켓이나 식당이 충분한 이익을 기대하고 진입할 것이다. 그렇게 된다면 나는 앞으로 어느 대학으로 옮기더라도 그 마을에서 훌륭한 식생활을 즐길 수 있게 될 것이다. 사적인 부탁이라 죄송하지만, 여러분들이 제발 미국으로 진출해주길 바란다.

마지막으로 감사 말씀.

문부과학성 과학기술·학술정책연구소의 이케다 유야 씨와 동료들께는 이 책과 관련된 좋은 기회를 얻었다.

UCLA에서는 에드워드 리머, 다니엘 아게버그, 우고 호펜하인, 사카기바라 마리코, 코난 스나이더, 라파엘 토마드센 교수께는 이 책의 기초가 되는 연구 지도를 받았다.

도쿄대 대학원 경제학연구과에서는 오하시 히로시, 이치무라 히데히코, 사와다 야스유키, 안톤 브라운 교수에게 석사논문을 지도받고, 동시에 유학 추천장도 써주셨다. 또한 미시·거시 계량의 코스워크에서 지도해주신 선생님 여러분 덕분에 UCLA에서도 낙제하지 않고 버틸 수 있었다. 세계 일류급의 학자가 모인 자리는 차세대의 인재를 위해 꼭 필요한 곳이다.

닛코솔로몬스미스바니(현 시티그룹) 주식조사부의 선배님들, 특히 하시모토 다카시 씨와 야마구치 히데마루 씨에게는 기업 취재, 재무 분석, 가치 평가, 논문 집필, 프레젠테이션, 고객응대 방법에서 풍파가 거치지 않는 시장에서 살아남는 방법까지 풍부한 실제 사례를 들었다.

닛케이BP사의 구로다 마사토시 씨에게는 엉망인 원고를 매끄럽게 고칠 수 있도록 도움을 받았다. 가쿠슈인대학의 와타나베 마리코 씨에게는 평소에 연구 도움을 받고 있는 데다 이번 구로사와 씨를 소개해 주셨다. 도쿄케자이대학의 구로다 토시후미 씨와 오사카대학의 히로세 코스케 씨는 '독서안내'를 위한 산업조직론 교과서를 알려주셨다. 장정과 본문 디자인의 아라이 다이스케 씨는 본문의 아름다운

레이아웃과 함께 나의 황당무계한 커버 안을 독자들에게 선보일 수 있을 만한 수준으로 끌어올려 주었다. 그리고 오사카대학의 야스다 요스케 교수는 최강의 추천사를 써주셨다.

동창생(과 그 가족)인 오바타 사네아키, 하시즈메 애마, 호라크 미하루, 이노우에 미치코, Juliet Heberle, 이와부치 코지, 구로야나기 토모타로는 초고와 출판기획을 위한 감상을 들려주었다.

조교인 아유하 치세는 항상 최초의 독자로서 격려와 지침, 그리고 세세한 조언을 해 주었다.

일본에서 책을 출간한다고 하는 드문 기회에 아버지 유우, 여동생 나호미, 올해로 돌아가신 지 20년이 된 어머니 하루미, 그리고 도쿄 제1법률사무소의 우치노 레이시로 씨와 사카모토 아키코 씨에게 평소 감사의 말을 전하고 싶다.

이 책을 4살이 된 딸 유이에게 바친다. 평소 함께 놀아주지 못해 미안한 마음이다. 항상 너를 생각하고 있단다. 이 책을 읽을 수 있는 나이가 되면 감상을 들려주길 바라며.

2018년 3월 29일

이가미 미츠루